U0003630

你不必活成
別人喜歡的模樣

第三章　十六，二十六，六十二，隔的豈止是時間

第四章　可以看透生活，但別丟失自己

第五章 你連世界都沒有觀過，哪來的世界觀？

第六章 不是沒他不行，只是有他更好

第七章 總有一個人，愛你如生命

這世界總是匆匆忙忙，
你可還記得
自己內心的模樣？

那時，她二十六歲

每年年初的時候，她都會規劃好一整年的願望清單。這一年，她幫自己規劃了八件要去完成的事情；八月份的時候，便已完成清單的前七項，第八件事情——找男朋友，卻始終無處下手，眼看著這一年也快過去了……

每次有關此類型的話題，總會讓她和王女士「不歡而散」，她每次都頗有微詞地和母親辯駁：「你讓我找男朋友的真正目的，應該是希望你的女兒過得幸福，而不是為了找男朋友而找男朋友。」

母親則會嘆著氣岔開話題，或者乾脆掛斷電話，結果弄得兩個人都不開心。

她始終解不開這其中的道理，明明是說服母親的藉口，為什麼自己說起來卻倍感無力？一向勵志的她，也開始惡補心靈雞湯了。

今天，她破天荒地吃了晚飯，吃飽後量體重，前後大概一個月吧，終於瘦了二點五公斤，這大概和她的心態有關。之前也在努力減肥瘦身，但當時的藉口是：「我連男朋友都沒有，怎麼可以胖？」

這一次不是，她只是單純地想要健康美麗一點，為了自己。

每年生日，她都會許一個有關幸福的願望：「希望自己找一個相愛的人，然後幸福地生活……」

然而告別二十五歲的這一天，她有了新的願望：希望二十六歲的小溪，能以幸福為基礎努力地生活，如果恰巧可以遇到他，更好。遇不到也沒關係，那就一個人幸福下去。

是否要為了迎合別人而改變自己？這或許也將是二十六歲的她，會迷茫的問題。

搭檔臨走前給了她一句忠告：「你有個毛病得改改，你太直白了。」

是的，前二十五年的小溪太直白了。直白到得罪了很多人，挨了很多批評，多走了很多冤枉路……

二十六歲的她，提醒自己要做好心理準備，如果一直這樣下去，怕是要走更多的冤枉路，挨更多的批評，得罪更多的人……

即使只是想想，她也覺得有些膽怯。

但是二十五歲的她沒有。所以她希望二十六歲的自己也可以很勇敢，道路曲折點沒什麼，教訓也是經驗，不過是累了點，難了點，慢了點……

從二零一三年十一月步入社會到現在，過去了幾年的時間，她也收斂了很多鋒芒，但涉及原則的同題，她從未改變過強硬的態度，她努力堅持著自認為的正義，也因此吃了很多惡果，她也曾問自己：你後悔過嗎？

她站在鏡子前，驕傲地仰著頭，目光無比堅定地看著眼前的自己，她說：「不，我並不後悔！」

這就是我，剛步入二十六歲的我。

一時憶不起過去，一眼也望不穿將來。但我告訴自己：請你始終記得此刻腳下的足跡，踏實地走好每一天、每一年。

願用十年努力，換來一生隨心所欲。二十六歲的小溪，我幫你許下了真正該許的那個願望！

第一章

我們總要和青春說再見

不曾一個人生活，

如何能對孤獨高談闊論？

中元節，加班，回家時天色已暗。

等了三班公車，一班也沒擠上去，糾結良久，最後還是決定步行回家。沒走幾步路，胃卻痛得不行，只好在路邊買個烤冷麵，邊走邊吃。

海大是我回家的必經之路。學生開學了，穿著軍訓服成群的從我身邊穿過，看著他們稚嫩的臉龐，不由得傷感。我站到小路的一側，讓出足夠的空間給他們，嘴角也許還殘留著油漬。藉著路燈微弱的光，我不知道他們會用什麼眼光打量我這個逆行者，或者壓根沒有注意到我的存在，唯一值得慶幸的是我有夜盲症，根本也看不清對方的表情。

腳步聲漸遠，說笑聲也隨之而去，心裡難免酸酸的，但也只能拾起沉重的失落繼續前行。

曾經，和他們一樣的年紀，我的身旁也總有三五好友圍繞，一起打鬧玩笑，肆意張揚，毫不在乎旁人眼光。如今回想，那些往事就和城裡的星光一樣，縱使知道它的存在，也根本看不見。無言變成了陪伴，耳機才是最忠實的朋友，闖先生用他異常磁性的聲音發問：「你在哪座城市？留下過怎樣的故事？又如何輕輕說聲再見……」冬去春來，夏走秋至，一年又一年！

一開始的時候，很不習慣一個人吃飯，一個人逛街，抑或是一個人看電影，怕被熟人瞧見，怕孤獨感被人同情，被人放大。後來才發現，城市那麼大，哪有那麼多的緣分讓你遇見。三年，換過三份工作，真正熟悉的不到五十人，其他認識的人，只有在特定的環境下，才可以稱得上是點頭之交，但大連市一共有七百萬人口，所有的熟悉感融入七百萬的洪流中，都會變得陌生又渺小。

漸漸地，開始習慣一個人。習慣一個人吃飯，一個人逛街，一個人看電影……果真，從來沒遇見過熟人。

這個城市或許有溫情的一面，但它好像並不屬於獨自生活在這裡的我，白天或許還可以輕易地瞎掰一句「一個人的生活其實也不錯」，但是夜晚卻掩飾不了寂寞。一個人的生活真的很好嗎？也許只有俯視寂寞靈魂的星星才知道。

天，愈加的冷了，日落的時間越來越早。下班的時候，街旁只有霓虹閃耀。耳裡依然塞著耳機，闖先生同樣在發問，「你在哪座城市？留下過怎樣的故事？又如何輕輕說聲再見……」我很想告訴他：「我還在這裡，還在大連，沒勇氣說再見，卻被動地目送了一場又一場的離別。」

我還記得上一次的大學同學會，聊天的時候不小心提到了最近結婚的某某同學，大家開始有意無意的對家庭產生了嚮往，對於我這種萬年單身的人來說，註定又淪為被調侃的對象，只是為了反駁，我才會說出那句至今都在後悔的狠話：「沒關係啊，等戀愛的分手了、結婚的離婚了，我們不又都一樣了。」

L當時就在現場，笑得前仰後合地回了我一句：「你可真夠惡毒的。」

同學會結束沒多久，L便在群組裡公布她分手的「爆炸性」消息，不過完全沒人在意。大家或許和我想的一樣，覺得就是玩笑話或者充其量只是鬧鬧脾氣，都快結婚的人，怎麼可能分手？但事實就是分了。我約她一起出來吃飯，她說不要同情她。席間我們天南地北閒聊，卻偏偏避開了她分手的話題，從此這座城市便又多了一個和我一樣寂寞的靈魂。一語成讖，最後悔的莫過於我曾經說的那句惡毒詛咒。

新聞報導說，中國目前有兩億人單身，這麼多人中，為何偏偏遇不到對的那個人？

我想或許是因為膽怯。

在我二十歲的時候，遇到過這樣一個男孩。出於某種特殊的原因，我們只能信件往來，雖是電子郵件，但漂洋過海卻也是成千上萬公里，你以為它會是如同《查令十字路八十四號》一般浪漫的故事嗎？錯了，今年我二十六歲，二十歲看到會心動的情話，如今是一文不值，我們真正見面相處的機會少之又少，這樣會合適嗎？

我想要的是見到他，然後再確定自己的心意，但他想要的卻是一個已經確定的心意，否則漂洋過海的見面不值得。最後的結果就是現在，相忘於江湖，刪掉一切可以聯繫的方式，刪掉那些往來的信件，茫茫人海中，我們永遠不會再相見，甚至某天我們都已忘記彼此的姓名，成為真正的陌生人。

這才是成人世界裡的感情，沒有那麼多的年少輕狂，也沒有那麼多的不顧一切。最為卑微可笑的是，我竟然真的忘記了他所有的好，最後的印象永遠停留在他答應來見我的那一句。

他，還是食言了。

如今雖然期待愛情，但我想，或許再難輕易相信一個男人的諾言了吧！

常常被人問起：「為什麼要一個人生活？何不找另一個人共同分擔寂寞？」我思索過，可能是因為這個世界太浮躁了，兩個人相處著實不容易，而分手卻往往又說得太過輕易。見識過愛情的人才敢再愛，而像我這種，或許註定要一個人走下去。

戴上耳機，相同的電台，不同的心情。又是在回家的路上，還是闖先生，還是一樣的冬季，場景總是驚人的相似，不知不覺又是一年。唯一不變的只有我還是我，沒有那個能變成我們的你。

不冷，我看不到自己哈出的寒氣；視弱，三公尺外的影子均已變得模糊。

這條路是我回租屋處的必經之路，每天來回要走兩次，快的時候三十五分鐘，這是我雙腿移動速度的最大值，慢的時候只得忽略不計，堪比蝸牛。

我比別人早半個月入冬，實在怕冷，穿得圓滾滾的像顆球一樣。棉服的下襬很小，邁不開步伐，只能小步地挪動；雙臂厚重地張著，加上本身走路晃動，看著影子都覺得像極了一隻笨拙的企鵝。

習慣性地沿著綠化帶內側的小路走，這個時間通常只有樹葉斑駁的黑影。我有點被害妄想症，人煙稀少的地方會不由自主地走三步回一次頭，如果有人走在我的後面，而且腳步很快，我會有些害怕，想辦法加快腳步。上次去漠河的時候，防狼噴霧被火車站的安檢人員強行扣留了，手裡沒了它，心裡也跟著不踏實。遠處路燈拉長的影子，讓我能夠清晰地看到那人靠近的身影，我腳步又快了幾分……

那人終究還是超過了我，經過我身邊的時候，竟特別回頭瞥了我一眼，距離太近，以至於我看清了他的表情，嗤之以鼻外加一點鄙視，彷彿在看一個有病的怪女人。

這就是一個人的生活，即使對黑暗有著無限的恐懼，你也只能硬著頭皮勇敢地往前走。

如今仔細回想，對於這個城市最直接的記憶，大概就是那一份租屋合約了。月初剛剛簽了新一年的租約，同時預繳了四個月的租金，交完房租後，室友口袋裡只剩五十塊，距離發薪的二十號還有二十天。交房租前幾天，她用最後的家當幫媽媽買了兩件衣服寄回去。阿姨收到衣服的那天晚上，她們在電話裡吵了起來，原因好像是衣服不太合身，又無法退還，所以阿姨有些火大。女兒一方面要勸母親別生氣，一方面又要壓抑自己的委屈，掛斷電話後便哭了。

合租兩年，這樣的事情大概是第一次。她在廚房裡炒菜，依然掩蓋不了抽泣的聲音，此時我正在房間裡打電話給我媽媽。掛斷電話，對面的房門已經緊閉。曾幾何時，我也這樣在緊閉的房間裡偷偷哭泣，一個人在陌生的城市生活，總有許多委屈無法向人訴說，這一刻是孤獨的，但這一刻也許只有孤獨地熬過，才能再次開心起來。

我沒有勇氣敲開她的門，更沒有勇氣走過去給她安慰，甚至沒有勇氣在下一刻看到她時直視她的眼睛，因為不知如何面對。從公司到租處，從一個格子間走回自己的小房間，這個城市相較於家鄉而言，最大的區別就在於設防感。格子間內，我們肆意孤獨，走出去的我們卻永遠樂觀開朗，明知彼此的假面，但沒人願意撕破這層偽裝，所以才造就了城市的距離感。

關係再好的人之間，也有距離。

總有不好的時候，親情既是救命良藥，也是壓迫設防的最後一根稻草，我只願家人好，這樣我才能心無旁騖的笑鬧。孤獨總可以熬過，至少我知道，遙遠的城市一角，有著對我最赤誠的牽掛，我怎敢不好？

我是誰？我常常質問自己，又常常找不到正確的答案。

有一天，坐在我辦公桌對面的姊姊突然問我：「為什麼你看起來總是這麼開心？」我微微一愣，反問道：「我要是不開心，難道會有人逗我開心？」

顯然不會有。

畢業第四年，我一個人在大連生活。相比七年前，這個城市變了很多，足球沒落了，啤酒節取消了，朋友也各奔東西了。多了東港，增設了地鐵，還修建了跨海大橋。時光如飛箭，七年轉眼即逝，我也褪去了一身青澀，但依然想像不到未來的樣子，想像不到是否會一輩子在這裡安居樂業？

我為什麼而努力生活？又為什麼而努力微笑？也許我們一輩子都在尋找答案，誰又知道能不能找得到？

這世界上有多少個如我一樣的你？

一個人，獨自在異鄉打拚，口袋裡有錢也三餐不繼；想愛又怕被傷害；明明難過得要命，張口卻永遠都是那句「我很好」。

那晚媽媽打電話來，說老爸因為牙疼，沒吃晚飯就睡著了，她仔細一查看才知道，原來老爸所有的大牙都掉光了，難為他忍了這麼久卻隻字未提……

孩提時，疼了可以哭，餓了可以鬧！但現在，當我忍著胃痛也要完成工作的時候，我終於明白了老爸的做法，原來長大了，總要一個人學著承擔些什麼！

原來，成長還有另外一個別名，叫作孤獨！

失業不可怕，

就怕待業太尷尬

事情是這樣的！

一個學妹才上班三天就不幹了，理由是：受不了女上司那尖酸刻薄的說話方式。至此，剛剛畢業一年的她已經換了四個工作。

她跟我說自己不適合社會生活，仗著存摺裡還有點錢，她決定先回老家好好想想，然後再看看要做什麼，反正她媽一直說想她，回家正合她意。

學妹如果是什麼千金大小姐，我還真的不會多勸她一句，哪怕她有點專長，我可能也會換種方式鼓勵。可惜學妹就是一個普普通通的妹子，既沒技能也無證照，大學勉勉強強地混完。如果有個男朋友，準備早日嫁作人妻，甘願當個家庭主婦也行，可惜她是一個死宅，男朋友的事壓根八字沒一撇。

此等條件之下也敢辭職，我除了佩服她的勇氣外，只能以個人經歷勉勵她，事實證明：失業不可怕，待業才尷尬！

二零一四年夏天，我大學畢業。和那

些四處奔波找工作的同窗不同的是，我無須投履歷便直接有事做。

你可能會說，這不是很好嗎？其實不然。

踏入社會的第一份工作，是一家房地產公司的銷售人員，和我所學的國貿專業風馬牛不相及。那是一個磨具工廠員工內部的地產項目，我們的銷售對象正是磨具廠的工人，所以我們的預售處便建在磨具工廠裡面。但戲劇化的是，這家磨具工廠生產的磨具百分之九十五銷售至海外，而和我念相同科系的學長姊甚至是同學，都在其海外銷售部就職，即是所謂的「坐辦公室的白領階級」。

我們隸屬同一個公司集團，發等同的薪資；每天都得走同一個大門，吃同一家餐廳。但是，他們是白領，而我是房產銷售。

雖然大家嘴裡都嚷嚷著「職業不分高低貴賤」，但實際上並非如此，他們不只一次在言談中，用刻薄的話語表示對「銷售」的深深鄙視。暗中較勁，可能從準備畢業的那一刻便已經註定，曾以為天真無邪的同窗好友們也不能免俗。

即使如此，那份工作依然是目前為止，我做得最久的一份工作。

如今回想，也覺得那時的生活實在太過於幸福。雖然大家都認為「銷售」是一份壓力大且任務重的工作，但當時因為樓房五證始終辦不下來的緣故，並未真正的進入實質銷售階段，每日的工作只是常規的宣傳廣告活動，走訪客戶，做一些銷講練習，供吃供住，而且主管和同事們都親切熱情，未有書中曾看到的那些「職場競爭」抑或是「人際不和」，日子舒坦得讓人不想異動，甚至很害怕丟掉那份工作，因為感覺自己除了忘掉專業的技能之外，好像也沒有什麼別的損失。

日子就這樣得過且過，直到天降霹靂。建案中止，銷售部全員「被裁撤」，畢業後的第一份工作在意外中突然消失，沒給我一點預兆和準備。

紙。

當時表現得還算冷靜，得知消息的下午便廣投履歷，那份畢業時未曾見過光的幾張薄

幸福來得很突然，因為第二天接到了人資的電話，第三天便跑去市區面試，本來應該隔日再來的第三輪面試，因為家住得太遠的緣故，主考官幫忙爭取到了當日進行的特權。面試的職位是文案，履歷上寫著一些相關文字類的獲獎經歷，以及做過寫手的經驗。就這樣，經過三個小時的面試，在失業的兩天後我有了新的工作，一切就像做夢一樣。

接下來仍有事得忙，因為還要找房子搬家等等。由於是被裁員，感覺太沒面子了，並沒有和家人說，但老媽卻在我朋友間的隻字片語中，猜出了大概。

失業那麼多天，就那天最難過，因為覺得丟臉，明明是成年人，結果還是讓父母擔心了。第二天銀行存摺裡多了四千塊錢，當時剛剛交完三個月的房租，渾身上下只剩三百八十九塊，前公司拖欠的工資依然遙遙無期。

收到銀行轉帳訊息的那刻，我捧著手機哭了很久。

新生活便是在如此措手不及之中到來的。

日子很快步入了正軌，新的工作是文案，是我喜歡以及擅長的文字類工作。很忙碌，也很充實，發現了很多不懂的東西，正因為如此，才可以快速的成長。撿起扔掉了很久的微信公眾號，開始堅持寫文，感覺生活總是會「越忙碌越願意去折騰」，終究好過那些得過且過的日子。

後來回想才發現，失業其實一點都不可怕，它也不似自己當初想像的那般，如同豺狼虎豹，機會總是留給有準備的人，曾經自以為是不務正業的那些愛好，只要堅持，也終將找到用武之地。

不會有浪費地學習，時間也不會辜負努力。

可能有了失業的經驗，跨過了心裡懼怕的那道門檻，也就沒什麼可擔心憂慮的了，所以沒過多久我便迎來了第二次的失業，只不過這一次是我主動。

當時我在新公司剛剛做滿三個月，再過幾天便可以通過試用期成為正式員工。我在心裡反問自己很多遍：「現在的生活是你所喜歡的嗎？」

答案其實很肯定：「不是。」雖然文字工作是我喜歡的，但如果每天只是坐在電腦前按照要求寫幾篇稿子，一眼就可以看到未來幾年的生活，那麼這種沒有挑戰、一成不變的日子，便不是我想要的。

辭吧，我對自己說。這次的決定做得很匆忙，但也足夠堅決。直接搬東西去了原來公司樓上的創業公司，事先講好的，只是臨時工作三個月，薪水不多，倒是很好的自我成長機會。不過時間匆匆，終究還是要面臨待業在家的現實。

你會問為何沒有馬上找工作？因為當時計畫了年後一場為期半個月的說走就走的旅行，機票都買好了。

待業在家是一種什麼樣的體驗呢？就是吃飯也不對，睡覺也不宜，看電視更是罪過，感覺整個年關都是在同情與冷眼中熬過的。

像失業這種「丟臉」的事情，通常我肯定不會主動和家裡坦白，很可惜，好事不出門，壞事卻總是行千里，奶奶知道我沒了工作的第一個想法就是：「丫頭啊，你是不是捅了什麼婁子？」我說：「不是，我就是想好好休息，一直像陀螺般的連續工作，從來就沒有真正的休息過，趁這機會沉澱一段時間再找工作。」我奶奶點頭認可，轉念又想起了什麼：「丫頭啊，上班都會有壓力，在哪兒都一樣，不能累了受委屈了就想逃跑……」

鄰居到我家串門子的時候，隨口說了一句：「還沒回大連啊？假期夠長的。」語氣有些陰陽怪氣，對方走後我媽第一個反應，就是她怎麼知道我失業了？末了還得補上一句：

「別告訴她們，就說還在那工作。」

其實人家只是一句普通的問候，「特殊」時期，草木皆兵。

叔叔前一天一臉氣憤地講了一個他手下實習生的故事，說這個傢伙沒做兩天就跑了，他用一系列沒有責任心等激烈言詞抨擊了此等行為，最後還加上一句：「像你這種畢業一年多換了三個工作的，我連面試機會都不想給。」拐彎抹角的還是指責我……

失業那會兒沒覺得什麼，可是一待業在家，怎麼感覺全世界都變了？

終於熬過了年，臨走時我媽又在我手裡塞了二十塊綫，說是車費。整個假期，她用過無數個蹩腳的藉口往我手裡塞錢，就怕我因為斷了收人來源而委屈自己，讓我想起了上大學的那段日子，她也會這樣硬給，三十五十的零錢，湊幾次就幾百塊，逢人總會說我過年替家裡買了些什麼，從來不說她又給了我多少。

那樣溫暖的瞬間比那些苛刻的指責，更讓人感覺難受，心裡酸酸的。

我知道，他們都愛我，只是他們用的方式各不相同。

春晚在電視上重播了好幾天，李思思的那句話也說了一遍又一遍：「讀萬卷書不如行萬里路。」我提醒我媽仔細聽，她聽後小聲嘟囔道：「讀萬卷書不如行萬里路？也是，管不了你，你就去吧！」半個月時間，不知道他們能睡幾個安穩覺？

說起來，那已經是兩年前的事情了。

你們知道嗎？我現在還在第二家公司任職，就是那個做過三個月文案的公司，不過換了工作內容。感激我曾經的也是現在的上司，還能夠記得我工作時的努力，即使當初決絕的離開，也依然記得我工作時的好，所以才會在有新的機會時，第一時間又想起了我，一切都是剛剛好，熟悉的夥伴，喜歡的工作，理想的狀態，所有就像命中註定一般。

兩次的失業經驗教會我幾個道理：

一、你若盛開，蝴蝶自來，你若精彩，天自安排。每一份工作，無論喜歡與否，都要盡力去將它做好。既然做了選擇，就要尊重自己所做的決定，熱愛它，工作才會回以微笑！

二、沒有一開始便會讓你滿意的工作，工作也是需要磨合的，辭職其實並不是解決問題的最佳方法，試著熱愛它才是。

三、你可以選擇放棄一個不喜歡的工作，但同時也需要不斷地鞭策自己，機會只會留給那些隨時可以上手的人。

四、辭職的時候只想著不喜歡不想要，那有沒有想過你真正想要的東西是什麼？如果目標都沒有明確，那麼不代表你不喜歡不想要，只是你遇到困難準備逃避的理由而已。

畢業了就找一份可以待一輩子的工作，其實未必是件好事，年輕時其實需要經歷失業與待業。很多人和我一樣，畢業的時候對未來的職涯規劃並不明確，只是隨便找了一份可以養活自己的工作而已，它既不屬於你的職業，更算不上事業，這個時候會離開是遲早的事情。

失業其實是給了你一次重新選擇的機會，而待業則是讓你學會沉澱的過程，接受它，然後戰勝它，才會成就一個全新的自己。

何必在朋友圈裡假裝快樂

根據四月份發布的《二零一七微信用戶&生態研究報告》顯示，截至二零一六年十二月止，微信全球共計八點八九億月活用戶，其中六成以上的人有必刷朋友圈的習慣。曬吃曬喝曬生活，美女美景歡樂多，但他們真的快樂嗎？

我覺得，不一定。

前一陣子，一位日本網紅上了新浪微博熱搜，她叫西上真奈美，在IG上人氣很高，腿長八十六公分，參加過TGC時尚秀，但節目跟拍她一天之後傻眼了，因為社交網路上的照片全是作假的。聚會裡的朋友們是因為她負責埋單才會到現場，不僅如此，那些簡約風的家居生活照背後，卻是一座堆滿垃圾的房子……

問她為何不約真正的朋友來參加？她竟回答說：「沒有朋友！」

很多人把這次訪問當成搞笑橋段來看，但我卻怎麼都笑不出來。仔細想想，那些花錢堆積起來的朋友圈美好假象之下，我們又何嘗不是一樣的糟糕與孤獨？

即使每次發文，必有上百個讚又如何？那些按「讚」之交的人真的可以稱之為朋友嗎？我看未必。

好友M上傳了幾張幫朋友慶生的照片，三個姑娘在美顏相機的修容下個個膚白貌美，親密地擠靠在一起，擺出友情萬歲的姿勢，讓人好生羨慕。不久之後見到M，無意中提到這件事情，她卻一聲感嘆：「其實很沒意思，像趕場一樣，大家湊到一起，送禮物、拍照、吃，然後分開。」沒什麼知心的交談，蛋糕再大都不如十元一小塊的黑森林甜，很多美麗的合照，不過是逢場作戲時擠出的假笑。

我還有一位好友X，她給人留下的印象，一直都是樂觀開朗、充滿陽光的樣子，似乎永遠都沒有憂愁，尤其是追蹤她的朋友圈時，這樣的想法更甚。

有一次終於有幸見到了本人，出於好奇追問起她這個問題：「你是怎麼保持快樂的？教教我嘛！」

她雲淡風輕地笑笑，說要給我講個故事。

X周末約了朋友一起去郊遊，原本期待了很久，當天也轉了三次車，花費兩個半小時才抵達目的地。正當X滿心歡喜地投入大自然的懷抱時，卻被一通電話澆熄了興趣。

事情的緣由還要從幾個月前談起，當時X接了一個外包的企畫工作，時隔幾個月，甲方非但不提結款之事，反而倒打一耙一直埋怨X，話語難聽至極，與周圍的美景形成了鮮明對比。風景再好看，但看風景的人卻沒了心情，周圍的人都在用異樣的眼光瞧著正在接電話的她，X慌忙逃開，找了個僻靜的角落委屈地落下了眼淚，無從發洩清緒，只好拿出手機發條短文給朋友圈。

「看，就是這條。」

她拿出手機向我展示，漂亮的美景照加上勵志的語言，我竟然還在按讚的頭像中，找到了自己的。我有些疑惑，問道：「你這是？」

她苦笑一下，說：「朋友圈嘛，就是一個展現個性的平台而已，你可以偽裝成你想要成為的任何樣子。不熟悉的人根本不會在意你的喜怒哀樂，你又害怕愛你的人知道自己的窘迫，所以就這樣囉，讓你們永遠看到一個快樂的我有什麼不好？」

就這樣，沒有人看到她當時臉上的淚痕，她也只有在接二連三的按讚中，顧影自憐地苦笑起來……

沒想到，我原本以為的了解，不過就是浮於表面的誤解而已。

說到這，我就不得不提另外一個好友S。

我和S同窗了好幾年，彼此不算熟，但總歸還有同學情誼，但某天，我決定把她刪掉了。

這一年，她發了超過二十條微信給我，包括「幫忙按讚、留言、分享」，「請投票給XXX」，「掃碼關注一下」，其中不乏某些資訊還是在晚上十一點之後，或是周末一大早發送來的，明顯都是群發。

除此之外，我們之間沒有任何聯繫，甚至連按讚都沒有。我所理解的同學情誼，成了她「傳銷精神」的必遊之地，這種原本有條件發展成為好朋友的關係，卻演變成按讚之交都不如的微妙關係，完全歸功於這個略帶點功利的「朋友圈」。

再說說另一個朋友G。

我與她已經許久未見，上次見面的印象，還停留在西安路一家上海館子裡，那是我去西安路十次中的第一次。當時她還在培訓機構裡受訓，每個月只有幾百塊補助金，考試合格後才可以作為培圳講師，《五年高考三年模擬》的測驗題庫一做就到大半夜。那時我還在大連的郊區瞎混，到市區一趟就需要三個小時以上，傻傻地拎了箱牛奶走了好幾十公里，就為了見面一起吃頓生煎包再聊上幾句，這就是那時候的友誼。

後來的這段時間，我們很少聯繫。她喜歡發文，我習慣默默關懷，看著她笑，和小孩一起打鬧，一群人去了西藏，打心眼裡替她高興，自認為她過得很好，我也不忍打擾。

再次見面，已是兩年之後。那天，她穿了灰色的套裝制服，依然傻傻呆呆，反應比常人慢半拍，但她還是變了，變瘦了，背也有些駝了。

我們繞著街道找地鐵，她依然暈頭轉向但也不快不慢，原以為遠在他鄉獨自生活的這幾年，她已經學會了認路，實則不然。夕陽的餘暉落在橋上，她靜靜地站在那裡拍攝遠處的風景。眼前的人明明那麼熟悉，但我們始終不痛不癢地聊著，總感覺少了些什麼。

晚上，G捎來微信，我才終於搞清楚白天時她幾次的欲言又止。她說：「本想和你再去走走以前一起走過的地方，但又怕你忙……」

原來，疏遠都是從彼此誤解開始的。

其實我並不忙，即使忙，如果是她約我，也一定抽空。

明明叫作「朋友圈」，卻帶走了我真正的朋友。

逐漸遠離朋友圈，才能找回真正的朋友圈，這是我最近才逐漸悟出的道理。

因為真正的朋友，根本不在「朋友圈」裡。

喊著詩和遠方的人依然坐在有空調的辦公室裡。

嚷著健身減肥的人打卡一禮拜之後沒了消息。

加班到深夜的人殊不知他白天追了多少熱鬥劇。

消失的人群中，有人已經上了路，有人練到肌腱拉傷，有人早已功成名就……

其實，我們真的沒有必要在朋友圈裡假裝快樂。脫掉浮華的假面，真正獲得快樂的人，都是那些忙碌於現實世界裡，熱切並且真實的努力著的人……

突然想起海子，想起他的那首小詩：「從明天起，做一個幸福的人。餵馬、劈柴、周遊世界，從明天起，關心糧食和蔬菜。我有一間房子，面朝大海，春暖花開……」

如果緣淺，

何必情深

L說：「找女朋友還不如養隻狗。付出了那麼多，最後什麼都沒留下，賠了夫人又折兵，可惜了那些錢。當初如果養條狗，起碼牠還懂得忠誠，起碼牠高興了還懂得搖搖尾巴。」

被愛情傷害的他，經常口不擇言的碎碎念。作為朋友，既覺得他可憐，又覺得他可恨。不就是分手，幹嘛整天要死要活的？而且當初在一起的時候，花在對方身上的錢都是出於自願，事後又何必因此而心有不甘？

這或許就是男女思維的不同處，我以一個女性的角度來看待這件事情，反倒覺得被傷害的他，此刻過於斤斤計較了。

漸漸地，聽他碎碎念的次數多了，反而又聽出些許不同來。我好像忽然明白，他真正可惜的，又豈是那些錢？

其實，他只是還不敢相信，自己掏心掏肺的付出，最後換來的，卻只是對方的狼心狗肺而已。

愛情看似偉大，實際卻都是尋求平衡

的等價交換，如果一味地付出，只是單純地希望對方好而不求回報，那便不會哀嘆，卻也失去了兩人相戀的真正意義。正因為一方愛入骨髓，並希望對方也一樣，但最後對方並沒有報之與期待中等同的愛，所以分開時，往往付出多的那一方會輸得一敗塗地。

或許到時候，就會像此刻的L這樣，半死不活，墮落頹廢，沒了生活目標，深感這世界對他的冷漠與疏離。

何必呢？

之於親情，愛情最大的悲哀，就是它有發生變故的危險性，你無法篤定未來，所以相愛時才會愛得如此激情澎湃。

有句話說得好，分手後不可以做朋友，因為彼此傷害過；分手後也不可以做敵人，因為彼此相愛過。

所有的遇見都是一種緣分，所有的分離也是另外一種。有這樣的緣讓人相知相愛，便會有那樣的緣讓人們分道揚鑣，只是緣分這東西有深有淺、有長有短而已。可以試著閉眼回憶一下這過去的日子，或長或短的緣分，其實在我們的生命中隨處可見，只是有些人走得近了，在我們的心上畫了濃墨重彩的一筆，這一筆畫得太過用力，所以當他離去的時候，我們卻久久不能恢復至正常的喘息。

讓L念念不忘的，是他和女朋友之間的相遇，那是一個因為無意間，撿到對方學生證而走到一起的故事，講起來倒像是一部韓劇。在外人眼裡如此有緣的一對，最後怎麼還是難逃分手的命運？

我只想告訴他，兩人之間確實是有緣分，只不過經歷時間砂礫的沖刷之後，變淡了而已。

想起我高中時的一個女性朋友，我們是在高一還未分文理組之前認識的。

對方給我的第一印象是大器、漂亮，接觸之後發現她其實還有些內向、靦腆，是一個很好的女生。後來發生了一件事情，讓我對她的感覺徹底改觀，恍然發現兩個人的價值觀其實相差甚遠，或者說根本就不是同一個世界的人。

之後又經過分班，慢慢便斷了聯繫，即使偶爾會在校園裡碰到，但也只是簡單的打聲招呼，從曾經親密無間的朋友，變成後來的舉手之交，再到如今連名字都想不起來的「陌生人」。如果不是親身經歷，真的無法想像。

其實她沒做任何傷天害理的事情，只不過是拒絕了一個當時正追求她的男孩，但卻恬不知恥地收了對方非常昂貴的禮物。

看似好像和我沒有半毛錢關係，但就在她微笑著，伸手接過對方遞過來的禮物時，我就知道我們之間的友誼，不可能再和之前一樣了。突然覺得兩個人的三觀（世界觀、價值觀、人生觀），根本就不在同一個層面上。最關鍵的是，這件事過去了將近十年，十年後的今天，對於現在的我而言，依然很認同當年，十六歲時的做法。

這大概叫作精神潔癖。

我常常會幻想，如果當初沒有發生那一件事情，我是不是就不會故意與她疏離？我們倆是不是就會一直要好下去？

答案必然是否定的，三觀不合的人，註定是沒辦法長期相處的，即使不是這件事，也會有別的事，讓我看清這個事實。

人啊，總是有緣相遇，沒緣相處，經歲月過篩，留下來的才是真正該長伴身邊的。

人類學家羅賓．鄧巴曾推算出人類社交能力的上限，即人類智力將允許個人擁有穩定社交關係的人數是一百四十八人，四捨五入大約是一百五十人，這就是著名的一五零定律。我們身邊的朋友註定會越來越少，但同時也要清楚，留下來的也會越來越重要。

寫到此處，我必須誇誇我的好閨蜜，我倆的性格大相逕庭，喜好更是南轅北轍，曾經還鬧過絕交。

但是人生最精彩的地方，莫過於某些看似不合常理的事情，往往會讓人出乎意料，我們就是這樣莫名其妙的相知了十年。

我其實不太信怪力亂神，但我相信命中註定，我們或許可以掌握自己的人生軌跡，卻依然無法阻擋生命中，那些離別因子的肆意滋長。

時間的鐘擺從來不願停歇，帶著你兜兜轉轉，身邊的人今天來了，可能明天就走了，一切隨緣就好。

年紀越大，越不願花費時間去結交新的朋友，也不願花費過多的精力，去維繫一段新的感情，我們開始念舊，開始習慣一成不變。其實，所謂真愛它飄不走，飄走的也沒有必要去挽留。

畢竟緣分淺，你又何必用情深？

你會一個人看電影嗎？

下班回家的路上偶遇兩個女生，年齡和我相仿。其中的Ａ問Ｂ：「待會兒打算做什麼？」

Ｂ回：「去看電影。」

Ａ繼續追問：「和哪個帥哥啊？」

Ｂ雲淡風輕地答道：「和我自己。」

Ａ的語氣變了，說：「哎呦喂，怎麼自己去看電影啊，多奇怪？」

Ｂ不回話，悶聲往前走。

我實在看不下去，口中嚷嚷著：「麻煩讓一下。」便從兩個女孩中間硬插了過去。

身後傳來Ｂ女孩的聲音：「我往這邊走了，明天見吧！」

總算終止了這個無聊的話題。

一個人看電影奇怪嗎？

我想起了我在逛街時看到的一對母子。

女人三十歲出頭，男孩看樣子也就六七歲，他們在商場門口互不相讓的僵持著。媽媽手中拿著錢，直視著孩子的眼睛，目光堅定並且嚴肅地強調道：「你如果想吃，就要自己拿錢去買，否則我們就直接回家……」

孩子瞬間委屈到淚崩，「啊啊啊」叫著吵著外星的語言。

「你到底什麼意思？」媽媽有些惱怒了。

「你陪我去……」他說得很小聲。

媽媽的眼中有一絲動容，但依然沒有改變自己的主意，俯身蹲下，視線與他直視，好聲安慰道：「聽話，你是個男孩子知不知道？男孩子就該臉皮厚一些，只買個冰淇淋而已，聽媽媽的話，自己去買好不好？」

這個小孩像不像兒時的我們？

「陪我去廁所。」

「不去，還有好多作業呢！」

「去嘛，走吧走吧！」

這段對話是不是常出現在我們上學的那段時間？

「老闆，來份麻辣拌，少糖多辣加份麵。」

「好，要外帶還是內用？」

「外帶。」

這是不是畢業後的我們？

我們一天天長大，看似慢慢成熟，實則骨子裡的某些東西，還悄然無聲地跟著我們。

小時候，我不「敢」自己拿錢買東西，不「敢」一個人去廁所；真的無人相伴的時候，我也不「敢」一個人形單影隻地坐在餐廳裡吃飯。

這是我，也是多少個你？

這到底是為什麼？

之前網路上流傳一個孤獨測試登記表：

第一級，一個人去逛超市；

第二級，一個人去速食店；

第三級，一個人去咖啡廳；

第四級，一個人去看電影；

第五級，一個人去吃火鍋；

第六級，一個人去KTV；

第七級，一個人去看海；

第八級，一個人去遊樂場；

第九級，一個人搬家；

第十級，一個人去動手術。

看到這個才恍然大悟，原來我們所有的不「敢」，都是因為害怕孤獨啊！

但真的是因為我們害怕孤獨？還是害怕別人認為我們孤獨呢？

我們真的害怕形單影隻？還是害怕別人誤解我們特立獨行、不合群呢？

去年一整年，我在電影院看了三十六部電影，其中的三十部都是獨自去看的。

總是被人問起：「為什麼要自己一個人去看電影？」

為什麼？當然是我喜歡啊！

一個人看電影的自在，大概只有經歷過的人才會懂得。我們可以完全沉浸於電影的劇情中，想哭就哭、想笑就笑，全神貫注地領悟影片主角的心路歷程，哪裡有時間顧影自憐，還唉聲嘆氣呢？

況且沒人規定電影必須要幾個人才可以去看，又不是打麻將，還需要「團隊協作」？只是大家潛意識裡，認為電影是所謂的約會必備，得有人約，這電影才該看，其實此種思維早已經被潛意識「綁架」了，就像「一加一等於二」一樣，你覺得那是真理，但你真的能解釋清楚為什麼一加一就等於二嗎？

你不能。

因為在這個社會所確定的法則裡面，有些東西已經在你的思維中被設定好了。例如：「你不該自己去看電影，那會看起來很孤單。」再如：「年紀老大不小了，應該交個男朋友啦，要不然大家都結婚了，你不是很寂寞嗎？」

抱歉啊，那只是你眼中的我。

但偏偏，很多人活著就是為了給別人看的。

你收起了那件「別人」說很醜的衣服，雖然自己很喜歡；你不好意思說出喜歡的偶像，因為「別人」吐槽過他三觀不正；你甚至不敢說出家裡務農，因為「別人」覺得農民就是窮困的象徵……

那句話怎麼說來著，「孤獨不是在山上而是在街上，不在一個人身上而在許多人中間……」

這個世界如果沒有可怕的對比，我們大概永遠不會知道自己的悲哀，所以漸漸地，我們迷失了自我，慢慢地活成別人眼中合理的樣子。

一個人看電影其實並不可怕，一個人吃飯逛街也不該是孤獨的代名詞，它只是我們選擇的一種生活方式而已，雖然這種方式只有少數人選擇，但請不要因為勢單力薄，便感到卑微與孤寂。

如果再有人問你：「怎麼一個人去看電影啊？」

我希望你可以勇敢地說出：「我喜歡啊。」

想吃的東西就去吃，即使約不到人；想看的電影就去看，即使身旁都是成對的佳人。

因為，你根本不必刻意活成別人喜歡的模樣。

從這一刻，請為自己的快樂而活，請按照自己喜歡的方式去享受生活。

只有這樣，即使人生終點設在明天，你也不會有絲毫的遺憾，這才是努力活著的意義！

其實，
你也可以有點小奢望

那天吃飯的時候，我叔叔硬是要和我探討一個話題，他問我：「一個月收入只有兩千塊的人，為何一定要買一部 iPhone ？」

他想知道這樣的年輕人是怎麼想的？

這是一個七零後與一個九零後，價值觀產生分歧的故事。

雖然我不會是那個年輕人，但是我的回答卻很肯定：喜歡就買啊！前提是如果他不再向父母要錢，管他怎麼過接下來的日子。無論是每天啃饅頭配鹹菜，還是泡麵不加蛋，這都是他個人的選擇，起碼買了 iPhone 他會有滿足感，這種滿足感是別的東西所取代不了的，它所帶來的心理附加價值，可能遠遠超過手機的自身價值。

王小波曾在《黃金時代》裡寫道：「那一天我二十一歲，在我一生的黃金時代，我有好多奢望。我想愛，想吃，還想在一瞬間，變成天上半明半暗的雲，後來我才知道，生活就是個緩慢受挫的過程，人一天天老下去，奢望也一天天消逝……」

所以有的時候來點小小奢望是件好事。

奢望，並不奢侈，或許還會成為努力奮進的動力。

搭地鐵的時候，身旁坐了兩個粉領族，其中一人正拿著一張房產宣傳單仔細的研讀，偶爾會和一旁的同伴，分享一下自己的研究心得。

鄰近的同伴湊上前，開玩笑的語氣來了句：「哎呀呀，研究這東西做什麼？你買得起嗎？」

拿宣傳單的女生呵呵笑了兩聲，嘆口氣道：「也是。」隨後默默地將那張宣傳單，摺好塞進了背包裡。

兩人又談起了最近的熱門影集，看樣子感情應該很好，雖然剛剛那位脫口而出「你買得起嗎？」的小姐並非出言嘲笑，只是在陳述一個事實，同時也道出了很多年輕人的心聲。

但她那消極的態度還是讓人無法苟同。

難道現在買不起就永遠買不起嗎？難道買不起一件東西的時候，就不可以抱以奢望了嗎？那活著是否還有意義？

我們或許可以在日本人的身上，找到這一問句的答案。

前不久，日本經濟評論家、管理大師大前研一出版了一本書——《低欲望社會》，書中敏銳的捕捉到，日本年輕一代的普遍心理與生活態度。他們喪失了物欲與成功欲，晚婚化、少子化，不願背負風險，消費意願低迷。

另外，還有一個觀念特別流行，甚至傳到了國人之中，那就是「斷捨離」，斬斷對物質生活的過多欲望，過一種簡單清爽的生活。叫起來好聽，但實際卻是教人減少奮鬥欲望，安於現狀。

大仲馬在《基度山恩仇記》中說道：「人類全部的智慧，都包含在這兩個詞中：等待和希望。」

我很認可。

年輕人的奢望，轉言之也是一種希望。

有沒有見過，女人買了一件名牌衣服時走路的趾高氣揚？有沒有見過，月收入只有兩千塊卻買了 iPhone 的年輕人，把玩手機時的小心翼翼？那個奢望著娶校花的小夥子，工作是不是極其認真努力？

就是這樣一群人，為了自己的物欲、占有欲以及出人頭地的欲望，卯足了全力，拚命的努力著……

如果這樣的奢望讓人努力，為什麼不可以？

但不要因此給自己，找一個懶惰又可以依賴別人的藉口，喜歡的東西，自己賺錢自己買，任何的奢侈品都不叫奢侈，而是幸福感；但是，一旦這種物質的滿足，是建立在別人的辛苦之上，那麼，我會看不起你！

遙不可及的夢想，要去拼盡全力，只有這樣，奢望才能變成希望的動力。

我們被稱為「九零後的一代」，傳說中被批判為「過分自我」的一代，但是不要讓大家小看了我們這一代。

當高樓拔地而起，科技取代傳統工藝；當迎來黎明的第一道曙光，暈染起金色的髮髻；當心中充滿渴望，成就依然奮進的你我。

那便是我們的黃金時代。

光陰總是轉瞬即逝，請記得珍惜。

年輕的你我，本可以有點小奢望，畢竟未來一定屬於這一代的我和你。

王小波說：「我不能選擇怎麼生，怎麼死，但我能決定怎麼愛，怎麼活。這是我要的自由，我的黃金時代。」

第二章

你總要學會自己長大

曾經夢想改變世界，

後來卻被世界改變

《歡樂頌》看到了第二十八集，越看越覺得深有感觸，特別遺憾這齣劇為何沒有在幾年前上映，或許我就可以少走些彎路，可惜啊，人生就是這樣，有些事情未曾親身經歷，便永遠活得不夠通透。

講講劇裡的那些事，其實很多愚蠢行為就真實的發生在自己身上，只是很多時候都是後知後覺，還有更多至今仍蒙在鼓裡。

小時候看童話，所以天真又傻氣；稍大點兒看名著，看貧瘠的土地怎麼孕育它的子民，看那些淒美的愛情故事，所以矯情又容易感性；再後來開始看言情，導致今日都沒辦法接受現實；高中看教科書，大學看起了海岩，看王小波，看《悅讀紀》……

我常常在想，為什麼我明明看過了那麼多人與人之間的相處之道，自己在群體生活中，卻依然無法嫻熟地運用，學會圓滑地為人處世？

以前單純地認為，只要我一心待人，

別人也會以同樣的方式待我，傻氣地把這個社會簡單化。實際上，職場裡或者是社會群體裡的為人處世，和生活中的差別太大了。

講一些自身例子，只當引以為鑑吧！

我高一上學期的人緣極差，下學期分了文理組，換了新班級新同學，才慢慢恢復過來。那半學期是我整個人生的黑歷史，不堪回首。那時候的我就像一隻帶刺的刺蝟，任何人靠近都會警覺性豎起「武器」，周圍的所有人都是我的敵人，我覺得他們都討厭我，相對地，我也很討厭他們。

事情的緣由是在入學軍訓時，我因為不滿那個男勞動委員的勞動分配，為同班的女生打抱不平，和他大吵了起來，甚至吵到了老師辦公室，然後發現班導師有意偏袒，又和班導師槓了起來，而且是當著別的老師的面！

我骨子裡埋藏著「俠女情懷」的種子，並不喜歡強出頭，但也看不慣這個世界上任何不公平的事情。

回頭想想，覺得那時的自己真是傻得可以。

那年，我十七歲。

當時的我特別理直氣壯，以為很多人會站在我這邊，起碼那些女生應該是，畢竟我是為了她們。但實際上呢？沒有人為我出聲，她們甚至因此而疏遠我，這些冷漠的面孔，比不公的班導師還要令人心寒。

所以，那時候我特別討厭我的同學。

也許是戴了有色眼鏡的緣故，我覺得他們也特別討厭我。可能潛意識裡有意想要逃避那半年的經歷，以至於現在能記起的同學名字都所剩無幾。

十七歲的我，因為「衝動」二字付出了慘痛的代價。

樊勝美說：「對於上司而言，最忌諱不懂規矩的人。」安迪說：「沒有公司喜歡惹麻煩的人。」顯然，我就是那個既不懂規矩又惹了麻煩的人。

很多年後，在我第一份工作的過程中，也遇到同樣的事情，因為碰到了一個千年難遇的奇葩上司。

當時我們所有的同事都討厭他，只不過，他們當著他的面時，可以虛偽地假裝一下「喜歡」，但我這種一根腸子通到底的人卻學不來，所以到了最後，我也難免為此付出了一些代價。

人啊，就是一種很奇怪的生物，其實他心裡很清楚大家對他的評價如何，但眾人表面夠和氣，他便自然不會找麻煩。我卻不一樣，我的世界只有黑白兩種顏色，我想對他翻白眼時，真的沒辦法嘴角上揚，越是這樣他便越想找我麻煩。

所以主要問題在我自己，我知道。

那時我二十三歲半，剛剛步人職場。

如今回想，其實我特別感謝他，在和他鬥智鬥勇的過程中，我練就了如今這一身超強的抗壓以及抗打擊能力。

你知道嗎？此刻的我，再次回顧當年那些未能忍住脾氣的瞬間，其實非常後悔，但如果人生再重來一次，或許我還會做出同樣的選擇。

說實話你也一樣，青春本來就需要這樣的莽撞，只有自己經歷，才會真的學會成長！

我的人生經驗教會我一個道理：正義有時候並非正義，它需要你變通地活著。

這個社會其實有很多的規則，有些東西就像國王的新衣一般，明明沒有穿衣服，人們卻對此視而不見；如果這時你好心地提醒他說：「欸，你其實沒穿衣服。」估計你就是待宰的那個。

你錯了嗎？不是的。那麼他錯了嗎？也不是。只不過這是個少數需要服從多數的社會。雖然你說的那些都是真話，但畢竟這個社會更多的人，還是喜歡聽悅耳的假話。就好比街上有個人對你說：「哈囉，美女，幫忙指個路。」你難道真的美嗎？你也知道那是假話，但對方如果說：「嘿，醜女，幫忙指個路。」會有人理他嗎？

道理你都懂，只是你做不到，我也一樣。

直至現在，我也依然很佩服那些，可以把社會規則玩轉得很通透的人，也很羨慕那些分得清的人；在我歷經了更多的人和事之後，才恍然發現，我自身最大的問題，就是把社會與生活給混為一談了。

生活中，錯誤可以被原諒，你的家人和朋友會理解，會幫助你成長。

但社會中，錯誤的惡果只能自己承擔與品嘗，誰也沒有義務幫助你成長，你只能在不斷地受傷後學會堅強。

生活中的人其實也是社會中的人，雖然都不完美，但也並不壞，只是他們扮演的角色不同，示人的態度便有所區別而已。

曾經，我也夢想著改變世界，但是後來，世界卻改變了我。

你肯定也會為此迷茫且彷徨、不甘、憤世嫉俗，輕蔑地斜視那些被這個世界改變的世俗大人們。但是我想告訴你：這個世界縱然糟糕，但只要擺脫不掉，世人所該承受的，你其實一樣也逃不了。

怎麼辦？誰讓我們都是凡人。

我現在也在跌跌撞撞地走著，很多事情依然不懂，很多事情也依然沒辦法好好處理，有時候會有好心的姊姊在身後提醒，雖然說某些違心之論時總會心虛一陣。

有時候，下班的路上就在想，人這麼虛偽，到底圖什麼呢？為何大家不能直白且坦誠的對待彼此，那麼是不是就不會有這麼多勾心鬥角了？不過設想一下，那個畫面其實也挺恐怖的，所有心裡的咒罵都將被對方聽到，撕破臉皮、露出猙獰醜惡，這樣的世界是不是會變得更糟糕？

雖然我們都未能改變這個世界，但在自己逐漸轉好的過程中，是不是也間接影響了目前的氛圍呢？

外國有一塊非常著名的墓碑，上面刻著這樣一段墓誌銘：

「當我年輕的時候，夢想改變這個世界；當我成熟以後，發現不能改變這個世界，便將目光縮短了些，決定只改變我的國家；當我進入暮年以後，發現不能改變我的國家，那最後的願望，僅僅是改變一下我的家庭，但是，這也不可能。當我現在躺在床上，行將就木時，突然意識到：如果一開始我僅僅去改變自己，然後，我可能改變我的家庭；在家人的協助和鼓勵下，我可能為國家做一些事情；然後，誰知道呢？我甚至可能改變這個世界。」

其實，也說不定，被這個世界逐漸改變的你們，已經悄然改變了這個世界。

痛苦誰都有，

但別指望感同身受

這個世界總是由無數的巧合組合而成的。

如果那天不加班，如果我不急著回家做飯然後練琴，如果那天還像平時一樣走路回家，如果我擠上了前一班公車……或許我就不會撞見這場交通事故。

但剛剛好，一切的如果均不成立，我恰巧坐上那輛出事的公車。

這並不是一場嚴重的交通事故，只有輕微的側撞而已，巧的是，事故發生的當時，我就站在最靠門邊的位置，然後眼看著另一輛車從側面朝著我的方向撞了過來，最終停在了與我一窗之隔的外面，那瞬間太快，快得都沒來得及驚訝。

接著車子慣性的一個晃動，本就擁擠的公車裡立即怨聲載道。交警很快趕來，向公車司機要了手機用來拍照，我受啟發似的立即拿出自己的手機，點開相機功能，上面出現了一張大臉，竟然是自拍模式，身後的小夥子還對著鏡頭笑了一下。

尷尬，還是尷尬……

在車禍發生後的一分鐘內，我都不知道自己究竟在做些什麼。又過了一分鐘，司機開始讓乘客下車，後面的乘客不明所以然，站在原地不動。不知是哪個好心人大喊了一聲：「車子前面撞上了，走不了了，大家趕緊下車吧！」

這時人們才陸續下車。

但是最先下車的，卻還是剛剛站在前面，目睹了整件事故的那群人，我跟著人流向後走，不過是一輛公車的容量而已，卻好像看到了人生百態。

走在我前面的兩個女生，剛剛就站在我身側的位置，這時一個在幸災樂禍：「幸虧我剛剛沒投幣……」另一個在著急：「這要怎麼回家呀？」

再往前走，剛剛站在車子中間的人群基本上已經散去，但在兩側座位上的人似乎還沒有任何動作，有人甚至依然悠閒地把玩著手機。剛剛發生的事故，對他們而言，估計只是小兒科。尖峰時間搶到個座位不容易，應該是很難願意放棄吧！

走下車子，人群卻未散去，好事者十之八九，甚至有人拿出手機在做記錄，不知道是想發朋友圈還是微博，抑或發給媒體當頭條？

一旁，交警正在詢問兩位當事人，車禍現場，兩位先生卻率先對事故責任下了定論，各持己見，爭論不休。

一名女子氣沖沖地從我面前經過，她對著手機抱怨：「司機的水準就這樣，還開什麼車？」

身側，一個老太太一把扯過老頭的胳膊，怒吼道：「你瞎看什麼熱鬧？紅燈看到沒？」

而我，突然覺得噁心，那是種在遊樂園坐完「跳樓機」（自由落體）之後才會有的噁心感，後怕的噁心。如果剛才對面的車子速度再快一點，是不是就不會有關於我的然後的故事了。

幸好，這個世界由無數的巧合組成。

我在下車十分鐘後依然手腳冰涼，心驚肉跳，終於知道什麼叫作「後怕」二字。當時想要做的第一件事情，就是發微信給閨蜜，告訴她說：「我終於能夠理解你上次跟我說的，出車禍時的感覺了。」

她跟我講她出車禍這件事情的時候，我們在旅行的路上，雖然當時握著她的手表示了同情，但旅行的期待與愉悅，卻遠遠超過對她的擔心，如今親身經歷之後再回想，才開始莫名地心疼起來。

朋友圈有個好友P，戀愛的時候特別高調，失戀的時候更加高調，今天丟張爛醉如泥，明天再發個黑眼圈慘照，剛開始時，還會有共同的好友在下面留言安慰，慢慢地大家好像都不太願意附和他了，有一次他竟然私訊跟我哭訴，問我為什麼沒有人可以理解他的痛苦？

我突然就想起了那場交通事故。

就連坐在同一輛車上的人，遇到了相同的交通事故，都會有不一樣的反應，那世界上又怎麼會有人完全理解另外一個人呢？

我很想笑他幼稚，又不敢當面告知，只得言語敷衍，但希望他不會成為下一個你。其實類似失戀這樣的事情，千萬不要吵得人人皆知。其一，沒有人可以完全感同身受並且理解你；其二，就像公車上那些人一樣，當你痛哭流涕講述的時候，其實多數人只是在看熱鬧而已，不是他們太冷漠，而是他們都不是你。

魯迅先生曾在《而已集·小雜感》如是寫道：樓下一個男人病得要死，隔壁那間唱著留聲機，對面是弄孩子。樓上有兩人狂笑；還有打牌聲。河中的船上，有女人哭著她死去的母親。人類的悲歡並不相通，我只覺得他們吵鬧。

痛苦的時候大家都會有，可以發洩、可以抱怨，但要懂得適可而止，畢竟沒有人可以感同身受地理解你，你又何必撕開傷疤，一遍又一遍地弄疼自己呢？

池田大作說過：「對自己的痛苦敏感，而對別人的痛苦極其麻木不仁，這是人性可悲的特色之一。」

反言之，我們也無法在別人感到痛苦的時候，給予感同身受的回饋，這都是常情。

生活中，痛苦時常陪伴在我們左右，考試失利、失戀、失去親人，哪怕偶爾只是心裡失落一下下，也會讓我們感到疼痛。憂鬱、壓力、焦慮，甚至是勞累、困倦，也都是痛苦的代名詞，這個時候你會灰心喪志，甚至失去對生活的熱情與勇氣。

那該怎麼辦？

痛苦的根源，歸根究底來自於內心的自我意識與認知問題，面對同一件糟糕的事情，有人覺得無法承受，有人卻覺得還好。所處的立場不同，對一件事情的定義也不同，種種因素便會造成不同的人有不同的感受，這個時候唯一可以做，就是認清痛苦並且努力去追求快樂。

要知道，一吐為快只是讓自己短暫開心的權宜之計，真正使你感到快樂的，是轉變內心認知後的自己。

想起M之前問我的話，「為什麼你有事情都喜歡自己消化，而不是和我們分享？」

我想這就是答案吧！

打針不哭，
真的是因為不痛嗎？

大約是下午四點鐘的樣子，太陽的餘暉依然可以透過窗簾的縫隙照進來，病房裡很溫暖，不似晚上時的熱鬧，陪伴的家屬很少。

一個孩童的出現打破了這難得的安靜。護理師好聲好氣，蹲在地上耐心地哄著，針頭拿在手裡，孩子已經開始哭鬧，全病房的人目光都聚焦到了那一處，帶著些許的憐憫與疼愛。

打鼾的病友也醒了，屋子裡瞬間成了吵鬧的幼稚園，家長與護理師齊聲哄騙，直到針頭插進了血管，這近乎演戲般地哭鬧才得以停止。孩子變得若無其事，甚至可以清晰地指正護理師的說法：「我今年五歲半，還沒到六歲。」護理師笑了，家長也笑了，病房裡的其他人也跟著笑了。

五歲半的男孩你可知道？多年後你會遇到比打針疼痛千倍萬倍的事情，而到那時，你或許也會疼，但卻再難像兒時那般當眾哭鬧。

整個病房共有十六張床位四把椅子，

可同時為二十位患者進行點滴注射。這幾天每天都是爆滿的狀態，可能除了我，都是感冒病號，咳嗽與擤鼻涕的聲音總是此起彼落，此次流感病毒有多嚴重可想而知。

每個人身旁的掛鉤上都是兩三瓶點滴，抗生素、盤尼西林、生理食鹽水……很多藥物對血管都有強烈地刺激作用，坐在對床的那個男人肯定也覺得不舒服，否則不會不停地翻身以及觸碰扎著針的手臂，剛剛拿在手裡的手機也放到了床上，仰起頭專心地數起了點滴瓶中液體的滴落次數，那種胳膊的腫脹與麻木感，我也深有體會，絕對比針尖插進血管的那瞬間要更加疼痛難忍……

旁邊座位上的胖大叔，肚子不配合地咕嚕叫著，聲音很大，離了三公尺都還能清楚聽到，或許是他覺得尷尬，很快便起身拿著點滴瓶走了出去，再回來的時候手背已經腫起了水泡，護理師手忙腳亂的重新為他打點滴。可能是因為他太胖了，也可能是因為他剛剛咕嚕叫的肚子，護理師這次進行得並不順利，胖大叔表情豐富地看著那個對他張牙舞爪，卻硬是扎不進去的針頭，心不在焉地回話：「血管不好找嗎？」

怕打針的男孩長大了，他就不再害怕打針了嗎？不，他依然害怕，只是不再哭了。

我哥在我心中的形象，始終停留在兒時，他和我搶塑膠項鍊的那一刻，快三十的人了，從來就沒樹立過一個男人高大雄偉的樣子。

直到我爺爺去世時，這個刻板的形象才被打破。

守靈夜，他一直坐在水晶棺前面，挺著一百多公斤的身材、彌勒佛的肚子，時不時地弓腰看看躺在裡面的爺爺，偶爾嘀咕幾句。下半夜實在熬不住，他竟坐在椅子上打起鼾來，不知道夢到了什麼，突然一驚醒，手機「啪」地應聲落地，摔壞了新換的保護殼。他也不以為意，又對著「睡著」的爺爺開始自言自語，趁人不注意的時候偷偷的揉眼睛。

那幾天，第一次感覺到哥的兄長樣子，忙前忙後地承擔起長孫的責任。

幾天前，看到一個創業者朋友的朋友圈，那是一首歌曲配上一句簡短的評論，當下看到覺得很感動，剛剛想去找一下原話，卻發現已經刪掉了，我只能大概的複述一下。「在公車上聽到這首歌，最近覺得很疲倦，睡眠很少，但想起還在田裡流汗的爸媽，瞬間有了精神。」

我和很多創業者有過深度對話，但讓我印象深刻的不多，他算其中一個。

最近又看了《請回答一九八八》的第十三集「超人歸來」，平時穩重地像熊一樣的爸爸，在得知兒子所乘坐的飛機發生事故的時候，第一次表現得那麼失態，但當兒子接起電話的瞬間，他竟還是壓抑著心情，裝作和平常一樣的口吻噓寒問暖，簡直和剛剛急得發抖的他判若兩人……

晚上和閨蜜聊天，她說前幾天看電視的時候，看到裡面的人在吃餃子，所以就很任性地說：「明天早上我也要吃餃子，一睜眼就要吃到。」第二天早晨一睜眼，便真的吃到了牛肉餡的餃子。

她爸做的……

突然想起幾天前，我媽跟我提到的央視採訪，題目是「為誰辛苦為誰忙」，為此我還到網路上查找了相關的視頻資料。接觸創業這麼久，突然發現，為了所謂夢想而戰鬥的創業者，幾乎死了一大半，小有成就的或者穩定提升的，都是那些富有責任感的人，為了家庭，為了父母，為了兄弟，為了更好的生活……

男兒有淚為何不輕彈？也許是因為肩上的責任。

他們不是不痛不累不辛苦，只是作為丈夫、作為兄長、作為老闆、作為父親、作為男人，每一個身分都是重重的責任。

責任，就像小丑臉上的笑容一樣，它掩蓋了太多的憂愁與哀傷。

突然想起了多年以前看到的一幅圖片，一個男人冒著大雪坐在馬路旁，硬噎著一塊乾巴巴的月餅，而隨著月餅一同嚥下的，不知道除了雪水是否也有其他的成分……

曾經打針時哇哇大哭的男孩長大了，變成了頂天立地的男人，終於深知世界的不容易，難熬的時候也表現得小心翼翼，明明和小時候一樣需要安慰，最後卻只是用深沉的努力代替了哭泣。

長大只是一瞬間

醫院，是一個比教堂還要「神秘」的存在，有些人在這裡出生，有些人在這裡死亡，更多的人要在這裡遭受痛苦。

那是三月份的一天，我在醫院當臨時看護。窗外的花兒不知覺間爭奇鬥豔地開了，身上的衝鋒衣不再符合漸暖的天氣，時間轉瞬即逝，又漫長無比。

有很多話想要與人分享，卻久久無法落筆，更多的時候，只希望可以好好睡上一覺。

想起那一日，陽光也一樣的明朗，如同這一日。親戚來了一波又一波，吵吵鬧鬧，中午又都匆匆離去。下午一點到三點，生命中從未如此煎熬的兩個小時，等待檢查結果的病人與家屬，帶著對生的希冀與對死的懷疑煎熬著，等待著。

老媽樂觀地安慰我，說肯定沒事，但快到三點的時候她卻突然覺得睏意席捲，翻了身子面向病床的另一側佯裝入睡，究竟有沒有睡著只有當事人自己知道。

我從未經歷過這樣一個瞬間，從未想

過那張紙的厚重，只是突然覺得手腳發涼，臨行的時候，我用香皂仔仔細細地洗了兩遍手，好好地整理了衣服，又整理了鞋子，一切準備妥當才走出病房。

直到後來，看到隔壁那個已被確診為癌症的阿姨，我才明白那一瞬間的感覺叫什麼。老媽說那位阿姨已經辦理出院了，臨走的時候還特地擦了口紅戴了金項鍊，甚至費勁地打理了頭髮，「風風光光」的出院了。迎接她的不是陽光明媚的日子，而是不知為時多久的「未來」。

那一瞬間的感覺叫作「儀式感」，人們面臨生的時候會有儀式感，面臨死亡的時候也同樣會有儀式感，莊嚴並且神聖。

我原本以為自己是無所不能的超人，但在醫院的日子裡，我渺小回到了孩提。捧著拿到手的檢驗報告，大腦只有一片空白，三樓到十三樓，我與醫生辦公室之間的距離。電視劇裡的劇情原來都是假的，並不是醫生拿著檢驗報告，坐在辦公室裡等著對患者進行宣判，而是我要親自去取來報告，然後拿去給他並且接受宣判。

一個人的命運僅靠一張紙的厚度，等待另一個人的宣判。原來生命如此之輕。

那一刻我唯一想到的，就是在見到醫生之前，弄清那些看不懂的專業術語。臨行前媽媽的話還迴盪在耳邊：「取完報告先拿回來給我看，然後再找醫生。」

她其實根本就看不懂那張報告單，但我了解她，她更想把命運掌握在自己手裡，而不是別人。

從未如此感激網際網路，從未如此害怕網際網路。當我搞懂「陰性」二字的含義時，出乎意外的不是笑，而是哭，喜極而泣的哭。有人從我身邊經過，稍微停留，最終還是選擇離去。他也許是在對我表示同情，但我真的只是高興，從來沒有淚水像那一刻那般地甜。

我想飛奔回病房，但顧及臉上的淚水，從未想過某一天，我也要在父母面前隱忍淚水，從未想過有一天，我要在父母面前佯裝成熟的大人。

那一刻，我才恍然大悟般地驚覺，原來我都是二十六歲的大人了，原來父母已是年過半百的中年人。

原來我不再是孩子了，原來父母也不再是壯年了。

有了電腦之後，很少動筆，上班簽到冊上的姓名，寫得一天不如一天，但在手術前的免責聲明上，卻洋洋灑灑寫得方方正正。老媽從小就說，字如其名，姓名要寫得大器，人才會有足夠氣度，我謹記。

麻醉師有氣無力地念著上面的條款，聲音如蚊，幾乎聽不見，對於這樣的手術她也許早就痲木；一旁的舅媽問我要不要叫爸爸過來，不久前我看到他去了樓梯間，可能是去抽菸。我搖頭，簽了手術前第三張免責聲明。

第一次感受到獨生子女的責任與肩上的厚重。

晚上我發了一條訊息：「一個人分享了父母全部的愛，理應一個人承擔全部的責任；只是某一特定瞬間，還是蠻羨慕那些有兄弟姊妹可以商量的人。」有人回覆我：「兩個就不用承擔全部責任了嗎？」

他說這話時，一定想像不到我在免責聲明上簽字時，那一瞬間的感受。正如我自己，也從未想過我的三字姓名，會承載著如此生命之重。

好幾天沒仔細照過鏡子，每天都是蓬頭垢面，早晚下樓買飯的時候，總會遇到同樣蓬頭垢面的陪伴家屬，偶爾雙方眼神碰撞，扯動一下嘴角，彼此的感受心領神會，終於了解當初一向注重髮型的大哥，突然剪了個頭時的心情。

智齒又開始發炎，牙疼的時候總是想起網路上流行過的一句話，傳說是一個零零後的孩子寫的，他說：「下輩子要當一顆牙，不開心的時候有人疼。」

我也想做那顆有人疼的牙齒。

但是疼我的人如今卻躺在病床上，直到這一刻，我才真正懂得《人生》中那句「照看命運但不強求，接受命運但不卑怯」的真正意義。

腦子裡不斷地重複著那樣一首旋律，「妹妹你大膽地往前走，莫回頭，通天的大路九千九百九……」

誰不想永遠當個孩子，被人寵被人愛，被人照顧被人關懷。但是，誰又能永遠當個孩子？

當別人已經無法幫到你的時候，你就知道該長大了。

長大就是意謂著，「別人無法幫你頂起天空時，你可以自己頂住，甚至還可以帶別人頂住」。

長大其實只是一瞬間，在你必須學會自己解決困難的那瞬間。

越長大越冷漠

Ａ女又在向學妹電話哭訴，這一次學妹乾脆隨便找了個理由，敷衍地掛斷了電話。

學妹恨恨地打過來幾個字：「她為什麼每次都這樣？」

上學那會兒兩個姑娘非常要好，要好到可以同吃一碗麵，共享同一件連身裙，但那段時光雖美好卻也格外短暫。大三時Ａ女率先交了男朋友，不算故意疏遠學妹，但對待友誼還是產生了怠慢。學妹那時一心掛在校外兼差上，忙碌且充實，根本也來不及在乎友誼，兩人遂有各奔東西之勢，卻仍一直保有閨蜜之實。

時間匆忙地來到了她們的大四，Ａ女交的學長男友歸鄉南下，兩人的情侶關係雖未挑明中斷，但不久後依然走向了末路。Ａ女在學妹面前哭得梨花帶雨，口口聲聲叨念「唯友誼萬歲，男人全部去死」。在她失戀的那段時間，學妹全心陪伴，甚至放棄了一個很好的實習機會。對於那時的學妹而言，友誼似乎比天大。

時間又走到了大四的下學期，兩人一同轉向實習大軍中，相互鼓勵、共同進步，雙雙找到了還算不錯的實習機會。兩位姑娘相約每晚六點地鐵站見面，然後一起相依著坐到學校那站，再一起到餐廳吃碗麵……

又一個夏天到來的時候，學妹率先搬出了寢室。租的房子距離新公司很近，但房間很小，同住的還有兩個女生。不久其中一人搬走了，空出的房間很快搬進來一名男租客，當晚學妹便發現新租客和另一名室友之間，其實是不可描述的關係。莫名的她成了電燈泡，無奈之下只好重新找到仲介，尋找下一個落腳點。

她打電話給A女，問她周末有沒有時間，能不能幫忙搬家？對方有些歉意地回道：「約了人，不方便。」

很久之後學妹才知道，她所謂的有約，只不過是和新的男朋友一起逛街、吃飯。

初入職場的學妹第一次被主管罵，是在上班後的第三個禮拜。那個錯誤她其實是知道的，但她的組長要求她那樣做，她不敢「違抗」，被罵的當下她才明白，原來畢業時老師說的那句話是真的，「以後別人罵你，就是真的罵了」。她即使滿腹委屈，卻也無法辯駁，只是默默地流眼淚。晚上的時候，學妹打電話給A女，問她能不能過來陪陪自己？得到的答案是：「我男朋友的媽媽給我包了餃子，晚上我要過去吃欸。」

……

類似這樣的事情，學妹還語無倫次地跟我講了許多。末了，她才發問出那句最讓她糾結的話來：「其實剛掛斷電話時我有後悔過，想她或許性格就那樣，雖然不通人情，但向我哭訴應該就是信賴我吧。可是一想到，每次我有問題找她的時候，她都不在，我就又忍住了。你說，人啊，是不是越長大越會變得自私冷漠？」

這個問題就像一記鐵拳般砸了過來，讓你猝不及防又無處閃躲。

還是夏天的時候，我們寢室幾個好友回到大連聚了一次，離別前我們在咖啡廳裡小坐，她們各自述說自己的工作狀態。

S：「剛畢業工作時，做什麼都不順，向同組的前輩請教，對方總是愛理不理的，當時就想等自己當了前輩時，一定要好好對待新來的。現在終於有些資歷，但一看到那些新人問的問題，真的完全不想搭理。」

L補充道：「有時候我看到她們做錯了，也會假裝沒看到，除非她問到我了我會管，否則絕不多管閒事……」

人，真的會隨著年齡的增長，而不斷變得自私冷漠嗎？

我的回答是肯定的，但冷漠的緣由，也許並不是所謂「年齡的增長」，而在於「過去的經歷」。

《海綿寶寶》第六季第四集中，講了這樣一個故事：一個普通平常的早晨，海綿寶寶從夢中醒來，習慣性地去給寵物「小蝸」餵食，但是牠不在。他又去找章魚哥，去找派大星，結果他們都不在，他只好一個人到蟹堡王上班，結果一整天一個客人都沒有。

晚上他回到家，發現小蝸的食物沒有動，這時候他才開始驚慌，他走到街上才發現，整個比奇堡竟然只剩下自己。他在惶恐不安中度過了幾日，正當他快要崩潰到暴走的時候，比奇堡的居民們全部回來了，原來他們都去過「無海綿寶寶日」了。

派大星朝向他走來，身上穿著印有「無海綿寶寶日」logo的T恤，海綿寶寶有些傷心地說：「你也是喔？派大星？」派大星理所當然地回答道：「對呀，這個標誌就是讓大家遠離你的。」海綿寶寶含著淚說：「你們高興就好。」

不知是誰提出，「一起去過無派大星日吧」。大家相繼呼應，紛紛上車，派大星還在節日的狂歡中，也跟著往車上走，但最後卻被一隻手擋在了車門外面，而擋他的那隻手是海綿寶寶的。

因為被世界遺棄過，所以此刻也要冷漠反擊。就像掛斷電話的學妹，就像推開派大星的海綿寶寶……

你常常會疑惑，為什麼這個世界可以對我無情，我不可以對它冷酷？

其實很多次，我有過同樣的疑惑不解。

午夜夢迴時，樓下的「家暴鄰居」又開始作威作福，吵鬧聲中，我只是換了個姿勢繼續入睡；

一些無意義的詢問，我不再耐心地解答，反而就當沒看見；

對於新認識的人，僅出於禮貌地表示友好，沒有很冷漠，也不會很熱情。

這個世界上，很多曾經惜若珍寶的事物，都變得不重要起來，也許是所謂的「正義」，也許是所謂的「別離」，也許是別的什麼東西。

常常，我也會惶恐，也會質問自己，究竟是什麼，讓自己變得如此冷漠？

後來才發現，原來冷漠也許只是鎧甲，並不是真正的皮囊。

前幾日吃飯結帳的時候，碰見一位大哥，那會兒他正對著聽筒另一端的人發脾氣，臉色氣得脹紅。沒一會兒，一個老太太還有一個抱孩子的女人，從裡面走了出來。男人壓低了音量，迅速交代幾句便掛斷了電話，然後快速走上前，接過女人手裡的背包，朝著一旁的老太太說道：「媽，一會兒帶您看電影去。」聲音溫柔得和剛剛還發脾氣的那位判若兩人……

那一刻我忽然明白，其實時間並沒有帶走我們的溫柔，只是教會了我們，把溫柔留給愛的人。

我也常常懷念我的少女時代，那時候逢人便稱兄道弟而且有求必應，那時候每每看到乞丐，一定要翻出幾枚硬幣，那時候嫉惡如仇，以為怒吼幾句便是正義……

現在呢？長大後終於明白，稱兄道弟的未必是真友誼，掏出的五毛硬幣，乞丐們可能會嫌棄，嫉惡如仇根本解決不了「正義」問題。

長大後的你，終於有了拒絕別人的勇氣，有了識別騙局的智慧，有了容忍不公的度量，也有了保持禮貌又不失風度的魅力。就忽然覺得，大人世界的「冷漠」其實也挺好的。

成熟後的冷漠，並不是讓你冷眼旁觀看待這個世界，而是恰到好處，擁抱這個世界中心的溫暖。

歡迎來到「冷漠」的大人世界。

在這裡，溫柔還是要有的，卻不再是一味地懦弱；

在這裡，善良也是要有的，但也絕不是任人隨意宰割。

這個世界不像勵志雞湯文裡所說的充滿溫暖，但也絕不黑暗。它其實會有黑白兩面，就像我們的白天和黑夜。

你其實不必面面俱到，愛意灑滿人間。

你要學著冷漠卻絕不失溫暖，疏離卻不夾雜絲毫惡念地對待這個世界。將最好的那一面留給自己以及該愛的人。

有些感情總會漸行漸遠

S問我，和好朋友漸行漸遠是怎樣一種感覺？

腦海裡突然閃過一個人，前幾天她來大連旅遊，我們順便見了一面。吃飯的時候她點了條魚，我問她以前不是不喜歡吃腥味的東西嗎？

她回，口味早就變了。

點好菜，她將菜單遞還給服務生，順便囑咐道：「魚上面不要放香菜。」說完轉頭看向我，問：「我記得你不喜歡吃香菜是不是？」

我尷尬地點點頭。

其實我很喜歡吃香菜，一直都是。

雖然心裡不願承認，但S的疑問還是讓我不得不直接面對現實。其實，我和她之間的關係就是所謂的「漸行漸遠」吧。曾經那麼要好的姊妹，時過境遷一切都變了。如今我不知道她何時改變了口味，她也不再記得我的喜好。

究竟是誰的錯呢？或許誰都沒有錯。

但彼此也都了解，我們再也回不到過

去了，回不到那麼要好的年紀。

人生或許就是這樣，有些人遇見是為了永遠，但大多數的遇見卻只是為了今後懷念，甚至偶爾連記憶都會變得模糊不清。

初中時流行過一本叫作《少男少女》的雜誌，在雜誌底端的交友欄中，我結識了人生第一位筆友，也是唯一的一位筆友。

當時我初二，正是叛逆初露端倪的年紀，開始有了自己的小心事。無人傾聽又急需傾訴的年紀，雜誌下面的交友訊息，就像泥沼中的浮萍一般，燃起了我的傾訴欲。我將我的小心思寫在紙上裝進信封裡，貼上郵票便扔進了郵筒。

半個月後，竟然真的收到了回信。對方是一個大我一年級的學姊，正忙碌於初三的備考之中。

我講學校裡的似水年華，她說初三生活的頭昏眼花，我們用文字談人生、談理想、談羞於啟齒的愛情。我們答應彼此，不光要做筆友，還要做一輩子的好朋友，等我們長大了，一定要飛去對方的城市見面，要躺在一個被窩裡聊天，要……

但後來才發現，所謂的一輩子只不過是幾封信的長度。

中考如約而至，她未能考上理想中的高中，退而求其次進了一所職業技校；我呢，轉眼也進入了繁忙的初三。我們之間通信的頻率，從每個月兩次，變成了每個月一次，再到兩個月一次，信紙上的字數也逐漸減少。我開始聽不懂她冒出的那些夾雜髒話的新鮮詞彙，她也不喜歡聽我訴說初三學業的壓力與勞累。已經忘記當初究竟是誰沒有寄出回信，但曾經允諾要一輩子的友誼，就這樣說斷就斷了。

她奔向了嶄新的花花世界，我繼續留在現實的滾滾紅塵，就這樣越走越遠，直至腦海中忘記彼此曾經的美好時光。

網路上流傳著，關於「好朋友為什麼會漸行漸遠」的九個原因。

一、不在一座城市，很久沒聯繫，感情就慢慢淡化了；

二、喜好相差巨大，越來越沒有可聊的話題；

三、朋友越認識越多，給彼此的時間越來越少；

四、不過問彼此生活，不關心彼此動態；

五、需要幫忙時才想起對方；

六、一個已經走向了未來，一個卻還停留在過去；

七、爭吵之後沒有人願意主動道歉，於是便漸漸變得陌生了；

八、重色輕友，有了喜歡的人，就忘了曾經陪伴的好友；

九、歲月變遷，大家都在成長。

其實，真正的離開從來都是不動聲色的。張揚的離開會再見，悄無聲息的告別才是永遠。無須什麼說服天地的理由，一切都是想走的藉口。

東野圭吾就曾說過：「人與人之間情斷義絕，並不需要什麼具體的理由。就算表面上有，也很可能只是心已經離開，之後才編造出的藉口。倘若心沒有離開，當能夠導致關係破裂的事態發生時，理應有人努力去挽救。如果沒有，說明其實關係早已破裂。」

年輕的時候，我們總是很在意身邊人的離開，會傷心落淚，會想辦法去挽留，以為做些什麼就依然可以一輩子。但隨著年齡的增長，慢慢就會發現，越來越疲於這樣的追尋，反而開始慢慢接受漸行漸遠。只不過偶爾夢醒時，還是會傷心難過，會質問自己究竟從何時起變得這麼冷漠？

你會發現，隨著我們不斷地成長，身邊的朋友越來越少，但也是在這個不斷篩選的過程，讓每一階段留在你身邊的朋友，都成了最合適的那一個。史丹佛大學心理學家勞拉・

卡斯滕森，將這個篩選過程命名為「社會情緒選擇理論」。

這或許也是為什麼，我們常常有這樣一種感覺：越長大越孤單。張愛玲和炎櫻閨蜜情深的故事，想必很多人都知道，但最後還不是分道揚鑣。炎櫻曾在信中委屈地質疑：「為什麼莫名其妙不再理我？」張愛玲的那句：「我不喜歡一個人和我老是聊幾十年前的事，好像我是個死人一樣。」曾令多少人哀嘆？

所以你看啊，面對漸行漸遠的友誼之時，名人的回答也沒有太過深奧，只能說明一件事：其實我們都一樣。

「友誼」二字，其實無須非得和「一輩子」三個字掛勾。我們活在這世上的每一分每一秒，都將是這一生中的第一次，也是最後一次，即使他們只是和我們相伴了一陣子，但其實那便是一輩子。即使有人可以代替他陪伴你繼續前行，但卻沒有人可以取代那段共同相伴的時光。

如果某天，友誼終將走向陌路，那就順其自然吧！坦然地接受它，真心地感謝他，並且衷心地祝福他吧。

接受他將離開的現實，感謝他曾經的陪伴，並且衷心祝福他未來一切都好。

這才是我們對待「漸行漸遠的朋友」的最佳方式。

我們這輩子都在離別，我們也將用一輩子來學會離別！

時間若是錯的，人又怎麼會對？

再次見到F的時候，她比上一年見面時整整小了兩號，我不可思議地看著她，追問她是喝了哪種減肥咖啡還是做了抽脂手術？

她苦笑著打掉我抓著她的手，說：「你別開玩笑了。」

關於她為什麼會變「瘦」，我是在當天晚上的微信中才知道的，她講了個故事，關於她和一個男孩的故事。

此時我才知道，原來白天見面時，她所有的欲言又止，都是在醞釀這一刻的訴說。

她喜歡上一個男孩，但是對方已經有女朋友了，她不知道自己究竟該怎麼辦才好，末了還特別強調一句：「起初我真的不知道他有女朋友，真的。」

她的為人如何，我怎會不知，突然想起一首詩句來：「衣帶漸寬終不悔，為伊消得人憔悴。」果真，只有得不到的愛情才是減肥良藥。

F和那個男孩其實已經認識了很久，

只不過他有女朋友的時間更久，為什麼Ｆ一直沒有發現呢？要麼就是男孩隱藏的技術太好，要麼就是陷入愛情裡的女孩智商不高。

不管怎樣，等到發現喜歡已經快要抑制不住的時候，才驚覺自己愛上了一個不該愛的人。

但愛情哪裡有對錯，只不過是錯誤的時間遇到了而已。

我問Ｆ，「他對你的態度為何？」

Ｆ說，有一次他們一起出去玩，她藉故多喝了兩杯，雖然沒醉但還是膽大了起來，她半開玩笑地問他：「我要是比你女朋友先認識你，你會不會就是我的？」

那個男孩的回答是：「你這麼好，世界都是你的。」

Ｆ連忙追問我：「你說他究竟是什麼意思啊？」

什麼意思？我也猜不透，不過對於這種情況，如果是我，我估計只會做兩種選擇：勇敢告白然後離開，至少對自己有個交代；繼續做好朋友，畢竟友誼比愛情更長久。

稍微年輕一點的時候，我可能會勸Ｆ勇敢地去告白，結果不重要，至少要給它畫個句點，以便開始一段嶄新的人生。

但是現在，我不會。

走都走了，何必還要在別人的世界中掀起驚濤駭浪呢？

Ｆ很自責地跟我說：「你知道嗎？有時候自己甚至會湧現很自私的想法，希望他們吵架然後分手，如果真有那麼一天，我就可以光明正大地喜歡他了，但也就是想想而已。之前一直不明白，那個女生究竟哪裡比我好，前段時間碰巧見過一次，那一瞬間我就明白了，我是徹徹底底地輸了。如果我是他，大概也會喜歡她吧！」

我連忙回她：「別想太多，你明明很優秀。」

這就是真的喜歡上一個人的樣子吧！卑微到塵埃裡，渺小到不能自己。

想起網路上看過的一句話，我覺得特別好：「愛一個人，原是愛到七分就夠了，還有三分要留著愛自己。愛太滿了，對他而言不是幸福，而是負擔。世上的道理，原都是這麼簡單，無論是愛物，還是愛人，都要有節制。月滿則虧，水滿則溢，有時，太多的愛不是愛，而是巨大的傷害。」

我很了解喜歡一個人時的心情：害怕他知道又害怕他不知道，更害怕他知道卻裝作不知道。

我也很了解，想對自己喜歡的人告白的心情：知道沒有結局，但還是想給自己找個堅定的理由放棄。

可是可是，愛情雖然沒有對錯，卻分先來後到。

一個人如果愛你，你會感知得到的，如果錯誤的時間相遇，那麼這個人，這份感情，怎麼也不會對，倒不如就把喜歡放心裡。將「愛」止於友誼，說不定才是最好的結局。

即使我們無法擁有，但至少也不會失去。

看《最好的我們》的時候最是深有體會，路星河五十六次求婚，都沒能比過余淮的一句：「對不起，我來晚了。」這就是愛情，就是這般的蠻不講理，久伴的深情怎能媲美內心的愛意？不是早來或晚來一步，而是這根本就不是屬於你的情意。

F後來辭職，離開了那個她喜歡的男孩，她說看到就想擁有，只有離開才能漸漸忘記。

原來，離開有的時候並不是因為不愛，而是因為太愛了。

其實這樣也好，畢竟在愛的人面前，即使管住了心跳，也很難管住充滿愛意的眼睛。

有份調查顯示：人的一生會遇到二千九百二十萬人，而兩個人相愛的機率，卻只有零點零零零零四九，要有多麼幸運，當你愛上他的時候，他也恰好愛上你呢？他不愛你，沒關係，畢竟餘生還很長，你的愛情可能還在路上。

不禁讓我想到《最完美的離婚》裡一句台詞，「罐頭是在一八一零年發明出來的，可是開罐器卻在一八五八年才被發明出來，很奇怪吧？但有時候就是這樣，重要的東西也會遲來一步，無論是愛情還是生活！」

我也想這樣勸說F，愛情也許真的是退一步才會海闊天空。

總有一天，會有那麼一個人，你無須與人爭搶，他只為你擋風遮陽；

總有一天，會有那麼一個人，你無須裝模作樣偽裝堅強，他也會喜歡你所有模樣；

總有一天，會有那麼一個人，你無須卑微乞求，他也會主動來到你身旁。

那才是屬於你的愛情故事。

如果錯誤的時間相遇，就把喜歡放心裡吧！畢竟你才是自己世界裡的主角，又何必到別人的世界中背叛驕傲扮演配角呢？

第三章

十六，二十六，六十二，隔的豈止是時間

二十六歲
才實現十六歲的願望，
還有意義嗎？

學妹前幾天收到一個神秘包裹，寄件地址顯示，東西是從她老家郵寄來的，裡面裝著一個不知什麼品牌的MP3，還需要裝電池那種，不曉得是哪個年代的產品。

正當她疑惑寄件人是誰的時候，她接到了家裡打來的電話。母親聲音興奮地問她，有沒有收到自己寄給她的包裹。

學妹滿臉問號，「給我寄個MP3做什麼？」

她母親解釋道：「之前你不是一直吵著要一個MP3嗎？前幾天鎮裡我常去的那家藥妝店辦活動，滿八十八元就可以抽獎，我看獎品有這個東西，就多買了幾袋洗衣粉，隨手一抽，沒想到還真中獎了。我本來還煩惱怎麼拿給你呢，人家店裡的服務人員說現在都可以用快遞，我就讓她幫忙寄給你了。怎麼樣？那東西好用吧？」

學妹掛了電話，沉默了好久，後來竟無聲的哭了起來。因為，那個MP3已經是她很多很多年之前的願望了。

之後，她好像工作得更加努力，而那

個MP3據說被她鎖進了櫃子裡，每當生活懶散、不思進取的時候，便會拿出來看看，她就會重新燃起生活的鬥志。

我十分理解她的這種心情。

在我小學二年級時，非常流行一個動畫片，名字叫作《四驅兄弟》，當時特別喜歡裡面的小烈，更愛他那輛四驅車——先驅音速。但每天的零用錢只有五毛到一元不等，存了整整一個月，最後花了十多塊錢，在文具禮品店裡，買到了那款心儀許久的四驅車。迫不及待地當場便拆了包裝，在文具店老闆的協助下，完成了組裝。拿到完整版四驅車那瞬間的感覺，至今我都還記得，該形容它為興奮？還是欣喜若狂呢？

雖然那輛車沒過多久就被我玩膩，送給了鄰居家比我更小的孩子，但至少記憶裡有它。

中學的時候特別喜歡一首歌，薛之謙的《認真的雪》。當時是在別人的MP3裡聽到的，那時候便特別希望自己也可以擁有一台。但幾百塊錢對於我的家庭經濟狀況而言有點貴，權衡之下，有了取而代之的隨身聽，買了很多卷錄音帶，反反覆覆地聽，聽到卡帶。

高一的時候，零用錢寬裕了一些，終於有了屬於我自己的MP3，但當時卻已經流行起了MP4。

因為貧窮，這樣的事情還有很多。

小的時候特別希望有一個絨毛玩具，想像著抱它睡覺肯定特別舒服，這個夢想高中之後才實現，一個男同學送的生日禮物。後來又陸陸續續有了很多隻，但再也找不回當年拿到四驅車時，那種興奮感覺了。

小的時候特別喜歡吃小浣熊的乾脆麵，但卻只買得起小當家。

小時候的願望很物質，看似很容易實現，但好像又很不容易實現。

對於長大後的我們而言，當年的那些願望實在渺小，甚至可以說是微不足道。

可是……那卻是兒時的我們最純真的希望。

如今實現它們對我們來說，卻沒有任何的意義，因為當我們二十六歲的時候，又有了屬於二十六歲的願望，甚至是夢想。

後悔十六歲的時候沒有早戀，現在實現那叫以結婚為目的的戀愛；

後悔十六歲的時候不知道外面的世界廣闊，現在知道了，卻被生活畏縮了前進的腳步；

後悔十六歲的時候沒發現爸媽鬢角的白髮、佝僂的身形，如今知道了卻沒辦法常伴左右……

十年飛逝。

固執地去堅持了很多事情，但是依然遺憾。

某天照鏡子時，突然發現眼角竟堆起了皺紋，那一刻才恍然驚醒，我也老了；第二天買了很多的面膜、眼霜，每晚在家一層一層地塗抹，某個稚嫩的聲音在心裡炸響。

那還是想當年，某個年輕無知的女孩，洋溢著青春的笑臉，高傲的誇耀著：「老就老唄，早晚的事，我才不需要保養……」

那個女孩就是當年的自己。

年輕才不會畏懼衰老，同樣地，一無所有才不會畏懼失去。

那天和我媽聊我的旅行計畫時又鬧了分歧，我媽很不解地反問我：「出去走一圈能怎樣？錢花光了，回來還不是得辛苦的努力賺錢，值得嗎？」

對於六零年代出生的她而言，理解我實在有些為難她，不過我最需要的，倒也不是她的理解，而是他們的放心。

是的，我住在租的房子，走路上班，穿平價的衣服，買東西得看標籤仔細比價，生活顛沛流離，只能算得上溫飽，為何要選擇一種「奢侈」的生活？沒錯，對他們而言，旅行就是一種奢侈。

很多人都有旅行的夢想，最後都被視實牽絆住了腳步。念書時沒錢去旅行，工作之後隨即面對買房、結婚、生子，處處都會使自己陷入經濟危機。有人努力賺錢，說是為了以後奢侈……

可是到那時候，你還能走出去嗎？

願望是需要努力去實現的，而不該被現實打壓於塵埃之下。

因為你不知道是否能活得夠久？不知道何時會成功？何時才能達到心理預期值？不知道明天和意外哪個先來？

但衰老或許會比賺錢來得更快一些。

我們都一樣，年輕又彷徨，迷茫又找不到方向。

但人總是要走上坡路的，縱觀周圍的一切，我想，只要你夠努力，當你三十六歲時，肯定也會和絕大多數人一樣，房子、車子、家庭都會有，或許還可以有些小存款，可是到了那時，你就真的可以去實現二十六歲時的願望和夢想了嗎？

無論答案與否其實都不重要，因為接下來你會有屬於三十六歲的願望，比如父母身體健康、孩子成長茁壯，到那時，你即使實視了二十六歲時的願望，依然不會感到快樂。

就像這會兒哭泣的學妹一樣。

心願就是這樣，想，就去做吧，不要考慮後果。想，一是浪費時間，二是只會讓你停滯不前、畏首畏尾……人生何其短暫，怎樣都會歸於塵土，哪怕受傷失敗了，至少我們還經歷過。

當你回首過往的時候，你會發現，人生最遺憾的事情其實並不是失敗，而是你本來可以做卻沒有行動。

我和我媽媽說，在我三十二歲之前，不要和別的家長一樣催著我嫁人，她總是一知半解地感傷道：「那可不行，三十二歲太大了。」

估計我們這一輩人，平均年齡真的可以超過九十歲，那麼三十二歲剛剛好。仔細算來還有七年，七年我可以做很多事情，我可以變得更加優秀；我可以毫無後顧之憂，選擇自己想要的生活，做自己喜歡做的事情；或許我的願望和夢想會實現；或許我也會碰巧遇到和我有一樣想法的他……

「年輕」二字意味著你還有無數個可能性。

我們作為這個世界中相對獨立的個體，一定要在該奮鬥的年紀就努力奮鬥，追求夢想的年紀便不留餘力。

去忙碌，去追逐，去做自己喜歡的事情。

千萬別等到三十六歲的時候，再追悔二十六歲時的夢想與人生。

別拖著二十六歲的軀殼，

過著六十二歲的人生

你說你，明明二十六歲而已。

戀愛吧，你既怕失戀又怕被騙；

考證吧，你既沒實力又沒耐心靜下來學習；

追夢吧，你既覺得不切實際又沒實踐的勇氣；

就連最簡單的少熬夜早休息，你都得糾結半天才能放下手機。

……

就這樣，你還敢稱自己二十六歲？

從付家莊搭車回來，遇見一位特別的老司機。老人今年六十二歲，過了耳順的年紀，頭髮花白，哼起調子卻是中氣十足。

我問他：「大哥，您今天看起來心情不錯呀？」

他回：「這哪是心情不錯，心情好的時候呀，我怎麼會唱這首歌？」說著他又換了一首曲子，這一次的歌曲節奏更加輕快一些，很可惜都是我叫不出曲名的老歌。

車子在跨海大橋上疾馳，海風夾雜著濕氣拂過臉頰，車窗開到最大，他緩緩講起了他的故事。

「我年輕的時候可是個佼佼者。」他表情略顯得意。

「您現在也不錯啊！」我說。

「現在？現在不行了。」他的語氣中有些失落，但轉瞬即逝，「不過我不跟他們比（財富、地位），我跟他們比健康，再過一個月，我就不幹了（指開出租車），我準備買個車子出去轉轉。」

「這車（出租車）不是您的？」

「這車不行，我喜歡那種帥氣一點的。」

「像吉普那種？」

「對對，我還得好好改裝一下。然後我就開著它出去轉轉，趁我年輕。我家那位不同意，所以我得自己多存些錢。」

「您想去哪啊？」

「我要先去內蒙古，在草原上騎馬。我雖然之前沒騎過馬，不過我肯定沒問題，直接騎上就能跑。我年輕時玩得可野，這些都不算啥。一九八零年我就買了相機，一九八四年我開了一家粑粑館（大連人習慣叫法，小餐館的意思，類似成都的「蒼蠅館子」），那時候這裡連餐館都還沒幾家……）」他說起了他的過去。

講到興奮處他張開了手臂，車子飛馳在跨海大橋上，他哼著悠揚的調子，彷彿自己真的在草原上騎馬一樣。

「好想從這裡跳下去。」

我吃了一驚，心想這老頭不是精神有問題吧，我有些膽怯地回他：「您可不能有這個想法。」

「怕啥，你們年輕人不還都玩什麼高空彈跳呢！」

「您說的是這個啊！」我暗自鬆了口氣。

「我年輕的時候就跳過，我媽那會兒和人聊天，她一轉頭我就鑽進了水裡……」

他說的話沒有絲毫的邏輯可言，一個六十二歲的老人，滿是二十六歲的幻想，不知道最終他能不能實視，但依然祝福他。

快下車的時候他提醒我：「我家就在黑石礁那，離這很近。要是哪天你在街上，看到一輛改裝得特別拉風的車子，一定要揮揮手，說不定車裡面的人就是我……」

那一刻讓我很感動，因為二十六歲的我，對於生活沒有這樣的鬥志。

我的現任老闆胡先生，我暱稱他老胡，一九七零年生，今年四十七歲，頭髮半白，對外卻永遠宣稱自己二十四歲。

我以前覺得他的這個自稱，就和我自稱十六歲一樣，有點笑談以及不服老的意思。後來工作需要，常常跟隨他到各處進行創新創業演講，被動地聽了一場又一場，才意外的發現，原來這個自稱二十四歲的中年大叔，真的有著不符外表的二十四歲內心。

他上一次問你知不知道什麼叫作「不明覺厲」（雖然不明白你在說什麼，但覺得很厲害的樣子），下一次問你什麼叫作「人難不拆」（人生已經如此艱難，有些事情就不要拆穿）；這次演講提及了「走心、走腎」（走心是愛，用心愛；走腎是腎上腺素分泌，指性慾。泛指男性對女性的想法），下一次可能還會吐出「中二病」（此流行語源自日本，意指正值青春期的中學二年級生，總是想要表現自己，卻做出讓人覺得傻眼的舉動）字眼。

我堂堂一個九零後，有的時候竟然也會被他問的這些網路詞彙，而弄得面紅耳赤、口乾舌燥，因為答不上來，好尷尬啊！

他經常說的一句話是：「未來都是你們這一代人的，我們這代（人）要是再不努力學習，很容易被你們比下去。」

我的老闆以身作則，教了我六個字：「活到老，學到老。」

高曉松之前解釋過「四十不惑」四個字。他說：「我小時候想四十不惑的意思，就是四十歲的時候沒有不明白的事了。等到四十歲才發現，不惑的意思不是說沒有不明白的事，而是所有不明白的事都不想去明白了。」

我常常在想，年老究竟會奪走什麼？貌美的長相，勻稱的身材，還是漆黑烏亮的秀髮？後來才漸漸明白，所謂年老的意思，並不局限於年齡，而是指我們對這個世界的好奇心、求知欲逐漸變淡了。我們成了四十不惑的中年人，五十知天命的半百老人，六十耳順的慈祥老者……

你今年二十六歲，你不敢辭掉一份穩定卻不喜歡的工作，因為你害怕動盪；你不敢追一個心儀已久的女生，因為你覺得自己沒車沒房；你不太關心國家大事，你也不在乎外面的世界什麼樣；這樣的你，真的是徒有一張二十六歲的皮囊。

特別喜歡一首歌的歌詞，歌名叫作《三十啊》，裡面這樣寫著：

「有時以為人生就這樣了，食之無味卻心中罵嘴裡嚼，不想安於平淡卻又平淡了，怎麼面對自己才好？哎呀哎呀真的老了嗎？哎呀哎呀覺得累了嗎？抱緊身邊的他，幸福一個家，把夢釀成醬醋茶。是幸福把夢腐化還是自己太懶散啦？人生才三十啊，還沒有白頭髮，怎麼夢想卻皺巴巴？莫忘那些初衷啊，沸騰青春血液為自己高歌吧。人生才三十啊，如圓舞曲的步伐，轉個身後再繼續吧！」

何況我們才二十多歲。

你有多久沒有好好看過一本書？你和弟弟妹妹們溝通是否出現了語言障礙？你還會為了一次遠行而整宿無眠嗎？你，明明才二十幾歲的你，真的還年輕嗎？

十六歲有十六歲的煩惱，

二十六歲也一樣

此刻，我坐在理工大學綜合樓的教室裡，寫下這篇文章。已過秋分，天氣轉涼，窗外不再是繁花似錦，只有夜幕下的露珠閃著光芒，另一側是成排被書籍占位的書桌，以及認真自習中的學生。

二零一五年九月十九日，當時剛剛搬來附近不久，畢業後第一次走進大工（大連理工大學的簡稱），撞見一場軍訓會操訓練，看著操場中充滿荷爾蒙味道的青春一代，也忍不住跟著氣宇軒昂起來，拿起相機偷偷拍下照片留作紀念。心中久違的熱血沸騰之感再次湧上心頭，也許因此留下了想念，以至於我後來一次又一次的來到這裡。

前些日子去叔叔家，去之前他發來一條神秘微信，委以重任，讓我好好勸勸因學習而苦悶的弟弟。明年他將考大學，這剩餘的兩百多天，將是他人生中至關重要的一搏。

家人們一直將我視為弟弟妹妹們學習的榜樣，可惜我該自我批判，因為我並不算是一個合格優秀的榜樣。以一個普通本科畢業生的身分，我能勸說他們什麼？這是我常常在思考的問題，這篇文章便是我的思考所得，送給迷茫中的你我。

我的弟弟就坐在我的對面，去之前我已在腦海裡構思許久，從文學名著到名人事蹟，每一則都是一個激勵人的故事。但當他坐在我的對面，滿臉微笑地看著我的時候，我的腦海中只有一團漿糊，語言就像機關槍一樣破口而出，實則自己都不曉得在說些什麼，我只覺得嗓子冒煙，他卻依然滿臉微笑地看著我，偶爾點點頭附和一下，眼睛時不時地飄向一旁的電腦。

我知道，我講的道理他都聽懂了，他只是無法感同身受而已。

暑假的時候，清華、北大一日遊成了熱門的旅遊消費項目，望子成龍、望女成鳳的願望，可以安在國內任何一位家長身上。之前出門旅行時，我也曾參觀過國內名校，例如北大、浙大、川大等，不免感嘆其有著歷史氣息的建築校舍，以及校園中的蒼松翠柏，除此之外，所知寥寥。在大工蹲自習室的這兩年，才深刻地理解大學「好」與「不好」之間真正的差距。

此刻是晚間八點鐘，綜合樓全部亮著燈，我找不到一間空著的教室，周圍的人都在安靜地自習，或是以小組形式小聲討論著，對面的桌上放著我完全看不懂的力學書籍，那位學弟已經在這裡坐了數個小時。現在是九月下旬，剛剛開學不足一個月，這種現象是此處的常態。在這裡，教室從來不缺學生，一年四季三百六十五天，除了短暫的假期，幾乎天天如此。

這裡的課程安排得很滿，課業壓力也很重。名校學生自殺事件屢屢發生也有其道理，皆是遵循達爾文的《進化論》——物競天擇，適者生存。存於社會，就固然會遇到競爭，在有競爭的環境中生長才會變得更加「強壯」，所謂的「遇強則強」也是這樣一個道理。

不要以為名校只會生產學霸，這裡的課餘生活也是格外地豐富。之前就讀時，就有幸參與過創思人潮 moredoer（TEDx 形式演講），原本六個小時的活動拖延成了八個小時，現場提前離場的觀眾竟然寥寥無幾。畢業後，由於工作的原因，大大小小論壇、演講也參加過上百了，但都沒有比那次留下的印象更加深刻。

大工嘉年華那天，這裡很是熱鬧，估計已不再是學校自己的狂歡了，而成了很多人心目中一個期盼的節日，當然也包括我。美食是必不可少，表演是點綴，更期盼的是那些可以體驗的科技產品。

去年的整個夏天，每個周末我都會到大工上創新創業課，講課的是我老闆。雖是工作，卻也學到了不少東西。大時代背景下，各個大學均開始嘗試進行創新創業教育，但因資金、資源等多種同題，均是舉步維艱地行進著。而此時，名校就表現出絕對的優勢。無論人脈還是資金、資源，它絕不會讓你輸在競爭的起跑點上。

想起我上學那會兒，和夥伴們也一起參與過「挑戰杯」比賽（註：挑戰杯是「挑戰杯」全國大學生系列科技學術競賽的簡稱），當時還獲得了校級金獎，因此拿到了一點五學分而沾沾自喜了許久，如今想來甚是可笑。接觸過無數個大學創業項目之後，再回首查看我們的 BP（Business Plan，商業計畫書），難以想像我們那麼糟糕的項目，怎麼也能夠拿校級金獎？沒有對比就沒有傷害，最讓人惱火臉紅的不是實力的懸殊，而是明明實力懸殊卻不自知。

你知道我為什麼喜歡來大工蹲自習室嗎？雖然我坐在這桌椅上，不是看小說就是在寫隨筆，抑或是懶洋洋地睡個午覺，但是我就是喜歡坐在這裡，你知道為什麼嗎？

因為在這裡我看到了朝氣，看到了活力，看到了夢想，感染得連我都想向青春看齊。每一次迷茫，每一次懶惰，我都要來這裡坐上半天，看著周圍的他們埋頭於書海之中，心情也會慢慢地跟著平靜下來。

我不曉得他們的心中在想些什麼，未來想要報效國家還是貢獻於科研事業，抑或只是想幸福平安地過完這一生？其實我們無論做什麼，也沒有幾個人會像偉人那般轟轟烈烈，充滿傳奇色彩。多數的我們只是努力做一個平凡的人。

人生就是這樣，由無數個平凡的日夜組成，只是處在不同的時點上，感觸會有所不同罷了，我不希望當你在二十六歲，和我一樣的年紀再回首這段人生的時候，也有同樣的遺憾。

雖然沒有考上理想的大學，但我依然渴望像他們一樣，雖然起點有些偏差，但至少努力不要比他們少，不要自暴自棄，我希望你也如此。

《平凡的世界》裡有這樣一句話：「人們寧願去關心一個蹩腳電影演員的吃喝拉撒和雞毛蒜皮，而不願了解一個普通人波濤洶湧的內心世界……」考大學就像成人禮一樣，給平凡一個表演的舞台，未來的人生軌跡將各有不同，趨於平凡抑或是驚天動地，都各有天命。對於平凡的我們而言，每一次堅持都值得尊重，每一次努力都值得鼓掌，請為自己加加油！

十點鐘，收拾東西回家，走到樓外回頭張望時，依然有幾間教室的窗戶亮著。轉角處，男孩立著三腳架在抓拍著什麼；灌餅攤位上，女孩點了個灌餅多要了個雞蛋，笑聲爽朗又綿長；校門口還有拖著行李晚歸的學生，賣水果的阿姨還沒有撤離，只是聲音沙啞了些許……

誰容易？都不容易。

別讓等待，

成為遺憾

很多年前的某個深夜，寒冬十二月的街頭，我和RY兩人就那樣靠坐在不鏽鋼的欄杆上，聽了一個多小時的蕭敬騰演唱會。當時就在想，等我哪天有錢了，一定要去聽現場演唱會。

事實上，那天的蕭敬騰演唱會，只是KTV門口LED螢幕上放的節目。我們預定了晚上十一點開始的午夜場KTV包廂，當時距離十一點還有一個半小時，周圍的商店也都在幾分鐘前，不約而同地拉上了鐵捲門，城市的夜漸漸被安靜所籠罩，無人的午夜街頭，無處可去的我們倆，就那樣瑟縮地坐在街頭，聽了場激情四射的演唱會。

寒冷會讓五官感受變得更加清晰，以至於時隔多年的今日，都能記起當天的歌曲旋律，《王妃》、《新不了情》、《阿飛的小蝴蝶》……後來同學聚會的時候，有人點了那首《王妃》，一首極具狂野又自帶高潮的歌曲，但無論何時聽到，腦海裡都會自動跳回到那個心酸寒冷、卻又溫暖無比的冬日午夜。

那樣的回憶，或許一生難忘。

晚上和RY微信聊天，問她還記不記得那場蕭敬騰演唱會，她秒回：「當然了，畢竟是人生的第一場演唱會。」

對啊，人生的第一場演唱會！

又是很多年以前，王菲來大連開過一場演唱會，就在金石灘浪漫的黃金海岸金石廣場上。

那天，我們的那個小鎮破天荒地出現了交通壅塞，全是掛著各地牌照的私家車，買螢光棒的隊伍都快排到了輕軌站，黃金海岸的東岸幾乎全在封鎖範圍內。

演唱會即將開始的時候，黃牛手中的票依然咬定在千元左右，對於當時每月生活費都不足千元的我們而言，那就是天價。

那天是五月十三日，「五一二」四周年的第二天，所以記憶深刻。

那一天很冷，後來又下起了小雨，我和GZ兩人坐在廣場的板凳上，聽了幾乎整場的王菲演唱會。口中呵著哈氣，跟著近在眼前卻又遠在天邊的天后一起哼《紅豆》：「還沒跟你牽著手，走過荒蕪的沙丘，可能從此以後，學會珍惜天長和地久，有時候，有時候，我會相信一切有盡頭，相聚離開都有時候，沒有什麼會永垂不朽；可是我有時候，寧願選擇留戀不放手，等到風景都看透，也許你會陪我看細水長流……」

一牆之隔的演唱會現場，也許他們也在一同哼唱，那一刻，他們會懷著怎樣的心情？多年以後，也許他們依然記得，自己當年看過一場天后王菲的演唱會，但是否也會像我這般深刻？

一窮二白的想當年，沒錢的正青春，演唱會真的是用來「聽」的。

轉眼就到了二十六歲，依然沒錢，但至少可以保證經濟獨立，終於買得起演唱會門票了，卻怎麼都找不回，當年坐在露天廣場上，淋著小雨聽著曲的感覺。

現在才明白，原來這世界上最不該做的事情就是「等待」。

爺爺去世以後，燒掉了很多衣服，大部分都是新的，活著的時候總是捨不得穿，想穿的時候已不能穿。喜歡的東西壓在箱底，最後成了一抹灰燼。

當年和還算心儀的男生一起去看球賽，回程的時候他試圖牽我的手，當時就想，這可是早戀啊，怎麼可以呢！所以呀，就單身到了現在。

大四的時候，有過一次出版的機會，當時某文化公司的編輯聯繫了我，要求在三個月內，整改一本三十萬字的小說。當時要寫論文，要去實習公司報到，還要去旅行，實在分身乏術，最終錯過了當年出版的最佳時機。

所以，時至今日，依然只能默默無聞。

衣服在等合適的機會穿，戀愛在等長大了談，機會在等空閒的時候抓，那還剩下什麼呢？

最近時常感覺到不快樂，或者更確切地表達是，可以使人快樂的事情，變得越來越複雜難搞。因為吃到喜歡的巧克力冰淇淋，便可以開懷大笑的日子，終究成了奢望不及又回不去的曾經擁有。

如果換做以前，也許會約上三五好友，一起K歌放鬆放鬆，或者一起坐下來聊聊互吐心事。但現代人的哀傷越發表現得不露聲色，不會歇斯底里大喊大叫，也不願與人分享互訴衷腸。我們不希望自己變得碌碌無為，又實在激不起絲毫奮發崛起的動力，唯一能做的只有空喊「一切交給時間，順其自然」的口號。

我們的腳步看似很快，其實不過是在原地等待。絕大多數交給時間去處理的事情，最終都邁向了無疾而終的結局。

回顧我過去二十六年的人生，我所遺憾的事情，不過兩個字——沒有。

沒有抓住的機會

沒有用力愛過的人

沒有追過的夢想

……

當時為什麼沒有按照理想中的狀態去做呢？理智上講，我們在等一個更為合適的機會，再去做那些時機恰到好處的事情，所以一再地推遲、錯過。所以有了那麼多未完成的「遺憾清單」。

年少時想聽一場喜歡的歌手的演唱會，沒錢；有錢的時候，沒了當年追星時的瘋狂與衝動。

想背起包來場說走就走的旅行，沒時間；有時間的時候，身體已沒了背包旅行的體力與魄力。

想追喜歡的女孩子，沒車沒房沒事業；事業有成的時候，她已嫁為人妻。

其實，人生就是這樣，當初做的選擇，多年以後再回首過往的時候，總會尋找到「遺憾」二字的縮影。雖然有些事情，即使當初做了不同的選擇，也不見得便會向著更加美好的方向發展。

可是呢……

有些事情本就不該太過理智，不應該是合適的時間做適合的事情，而是想做的事情都能第一時間勇敢地去做，那樣便好。

不要再想成為別人

你有沒有過這樣的想法：成為任何人都行，只要不是現在的自己！

想起我衣櫃中壓箱底的某件大衣，因為比平時買的衣服價格要貴一些，當初決定付款購買的時候，著實掙扎了良久，這般心心念念狠心高價買下來的衣服，卻在穿沒幾次之後起毛球了。

那是一件網紅店的衣服，我很喜歡那家店的老闆，經常在微博上刷她拍的美照，我覺得她膚白貌美又長腿，陽光自信又有經濟頭腦，還有那麼帥的男朋友，完全就是人生勝利組。所以每次翻看她店鋪上新的美照時，總會把裡面的主角想成是自己，也就免不了心動地買上一件。

更加令人費解的是，雖然明知道她家衣服的質量很差，但我還是買了不只一次。因為每一次，都會被那些漂亮的圖片所迷惑，但真實鏡子中的自己，卻依然是個矮窮銼。

直到那一刻，我才清楚地意識到，或許我真正想要的東西，並不是那件大衣，而是別人所擁有的生活。

上次回家的時候整理書架，翻找出來好幾本十六歲時的日記，當時的筆跡和現在有很大的變化。那時候鄰座的女生喜歡寫楷書，橫平豎直，寶蓋頭都要多拐一個彎，頓時覺得她的字體特別漂亮大方，無意識地就開始模仿，然後便有了日記本上那些四不像的字體。

如今回看，真覺得那些字體都醜爆了，但當時的自己卻像是著魔了一般，偷偷地模仿著別人。

模仿？沒錯，就是模仿。

仔細想來，無論十六歲還是二十六歲，這樣模仿的瞬間似乎一直存在。童年時的暑假，電視上不知第幾次重播《情深深雨濛濛》，小孩子還不懂情愛，但卻知道在舞台上唱歌的依萍很美。那時候我總會到梳妝台那裡，偷拿走媽媽的口紅，躲進小屋的角落裡，藉著櫃子上的小鏡子，在嘴唇邊塗抹上厚厚的一層，然後扯過櫃子上防灰塵的白色布料，圍披在肩膀上，想像著電視中依萍搖擺的舞姿獨自婀娜。

二零零五年，超女最紅的那一年，因為迷戀中性風格的李宇春，而狠心剪掉了頭髮，青春期叛逆到不可自持的地步。後來，又因為喜歡的男孩而收斂了性格，學著掩嘴微笑，學著放低音量，越來越像其正牌女友的樣子，很可惜的是，他依然不喜歡我。

學著做別人，漸漸成了生活的常態，總是假想著自己是別人，那個風光無限、令人豔羨的別人，而卻漸漸忘記了真正的自己！

曾經不只一個人對我說：「小溪，我好羡慕你哦！」

我就在想，你到底羡慕我什麼呢？有時間又很悠閒？很瀟灑，說走就走？生活過得很充實？還是別的什麼？但你不知道我才更加羡慕你們呢！有人疼有人愛，有人做飯有人埋單，有人傾訴有人分享，性格溫和說話溫柔，多才多藝能言善辯……不像我，似乎永遠都是一個人。羨慕的鏈條中，我們總在扮演著多重角色，既充當著羨慕者，也充當著被羨慕者，但真的有人可以永遠處於羨慕鏈條的頂端嗎？

我習慣在歸家的途中進行思考，聽聽來自於這個世界最真實的聲音。那天因為慵懶而改乘公車回家，公車裡人很多，我被後邊蜂擁而上的人群推擠到一個小角落裡，正上方欄杆的扶手太高，以至於我只得踮腳才能扶到把手。

車子剛剛行了幾步又慢了下來，開始堵車。透過人群的縫隙我俯瞰窗外，景色只有單調的同樣堵在路上的各種轎車，視線中最先看到的是一輛黑色的奧迪Q7，在它的後面還跟著一輛銀白色的賓士，而街角，卻傳來了不符此情此景的音樂聲，那是鳳凰傳奇的聲音，雖然歌曲的名字我並不熟悉，但那動次打次的節奏，卻與此刻靜止於原地的車輛，形成了鮮明的對比。

歌曲用那種類似於重低音音箱的工具循環播放著，聲音循序漸進地傳入耳裡，讓你根本無法拒絕它的侵人。循聲望去，只見一群民工模樣的青年組團經過，腳步看起來很輕盈，就連臉上的表情都顯得那般雀躍。我想他們大概是因為結束了一天的工作，此刻終於放鬆下來才會如此開心吧。

城市的夜晚，百態的人生。音樂聲逐漸遠去，看著他們漸漸消失的身影，也不免豔羨，再過一會兒，說不定他們就會回到宿舍開始打牌聊天了，而我們卻依然堵在路上。

人啊，有時候就是這般奇怪的生物，無法擁有的才會視為珍寶。我常常在想，我為什麼總想成為別人？為此還特地查閱了許多心理類書籍，看到武志紅關於「嫉妒」二字的解釋，才終於恍然大悟。他說：「嫉妒常是一個藉口……或者從根本上說，是為了轉嫁自己的自卑感。」

沒錯，也許這種羨慕又夾雜嫉妒的情感，就是骨子裡的自卑感。

猶記得一年前那段瘋狂減肥的日子，每日只吃兩頓飯，無油無肉，偶爾還用水果當代餐，不吃零食，堅持運動。最終的後果就是減肥過度導致營養不良，從而住進了醫院。身旁很多人不解，反問我：「你明明一點也不胖啊，為什麼還要減肥呢？」是啊，減肥的時候我其實只有四十八公斤，完全沒有必要如此，但我為什麼還要減肥呢？

我說我想成為更好的自己。因為想成為更好的自己，所以變得極度自律，去學習更多的技能，逼迫自己做更多的事情，但越是這樣，越會發現自身的不完美，反而更加的不喜歡自己。

住在大連的人都知道，七院是精神病院的代名詞，而我家就住在那附近。每次從它門前經過的時候，總有種衝進去的衝動，我覺得自己的自我厭煩已經到了病態的地步，我需要心理治療。

這是一種無法與人分享的心理，因為絕大多數的人都無法理解。偶爾，那些穿著條紋病號服的阿姨們會從樓下招搖而過，買菜的時候也會與人討價還價，我觀察過她們不只一次，除了那身象徵「生病」狀態的病號服以外，絕大多數的時候，她們又與普通人無異。

其實，我們中的絕大多數，和她們又有什麼區別？一樣都是拖著普通人的皮囊，裝著沉重的心傷。感冒都會吃藥的我們，心理生病的時候，卻幾乎都在選擇漠視。總是那些摸不到觸不著的東西，驅使我們厭惡這具軀體，而別人的光鮮皮囊，便成了我們的嚮往。

在這些社交媒體上，大家對另外一個人的了解，多多少少都只是片面的。你眼中那個積極樂觀向上的女孩，也許只是她生活中的某一面而已。人們習慣性地刻意放大自身那些優點，以便掩藏內心那脆弱又自卑的不勇敢，至少我是這樣。

工作的緣故，朋友圈裡有幾位直播網紅，約見本人的時候，終於知道什麼叫作「見光死」；我也見過一個毫無經驗的人，僅靠背稿就成功的充當了幾小時的專家導師。社交網路讓我們處於一種別人光環的假象之中，羨慕的對象真的有那麼完美嗎？答案定然不是。

年輕的時候，我們為什麼總想成為別人？我想或許是因為我們總是看不到自己的優點、亮點，反而在不斷地將自己的缺點極大化。這個世界總有無數個我，在過著厭惡自己的生活。

當我年輕的時候，我想成為任何人，除了我自己。

或許人生就是這樣，無論當初做出怎樣的選擇，無論我們當初成了誰，多年以後的我們，還是對自己感到不滿，即使我們當初做了不同的選擇，成了另外的那個自己，多年以後，也很可能還想活成另外一個人的模樣。

最好的人生或許該像那句台詞一樣：「你該盡情的跳舞，好像沒有人看一樣。你該盡情的愛人，好像從來不會受傷害一樣。生活本該如此！」

有些道理，只有某一瞬間才可以恍然領悟。二十六歲，一個應該看清自己的年紀，我們不再是十六歲時，處處羨慕別人的小孩子，至少從此刻開始，要學會接受不完美的自己。

別讓自己窮得連渣都不剩

二零一七年《歡樂頌2》又引發一次熱潮，你追劇了嗎？你被哪位男主角圈粉了？霸道示愛的小包總，還是萬事周全的老譚，抑或是有內涵又會撩人的趙醫師？相比之下，王柏川的男主角光環卻要弱上很多，明明感情專一，踏實肯幹，堅忍又有責任，在樊勝美家遇窘況走投無路時仍然不離不棄，毅然背負起兩個人的人生重擔。這麼有男子氣概的人，憑什麼就比不上其他三位？難道就因為他家境普通？

家境普通似乎不是造成觀眾對他印象大打折扣的直接原因，卻也是間接原因。譬如租車，很多人覺得他太好面子，虛偽；比如，當他無法處理樊勝美家的小事時，他要了心機，假裝自己喝醉了。

其實歸結到底，還是錢的問題。

這是什麼時代？也許你會覺得這是一個讓「窮」人變得更窮，「富」人變得更富的時代，僅僅透過努力就想實現逆轉，那是天方夜譚。

而造成這種想法的原因在於，窮往往

只是表象，真正恐怖要命的是它會像多米諾骨牌一樣，引起一系列可怕的連鎖反應。一次有位創業者來找老胡，恰巧那天我在場。那人是來借錢的，當時他剛剛將投資人的錢全部賠光，他的妻子即將臨盆，欠了員工很多錢，所以他來找老胡借錢，希望能渡過難關。

從兩人對話的語氣中發覺，這人似乎已經不是第一次來找老胡了。老胡勸他，有在這耗著的時間不如去解決問題，對方辯駁道：「沒錢就發不了薪水，發不了薪水就沒人跟著我幹，接到工作也做不成……」

總之一句話，沒錢根本進行不下去。

這些年接觸了很多類似的創業者，BP都沒有，單憑一個異想天開的想法就準備融資了，往往理由還很充分：「我得借到錢才能做出產品啊！」

說到這兒，介紹另一個創業者的故事。

在大學的創新創業課堂上，某位學生問老胡有沒有投資過大學生的創業項目？老胡便提到了L boss的公司，說明理由時他指出了兩點：「第一，找我投資的時候，他已經把產品做出來並且銷售出去了；第二，他在日常生活中，已經向我展示了自己出色的商業頭腦。」

第二點理由是先天優勢，而第一點卻在於行動力。第一個故事中的人，因為總是想著拿到錢才能辦事，所以根本從未努力做過什麼，而第二個故事卻剛好相反。但很多人在看待這件事情時，卻喜歡本末倒置，認為他因為拿到了資金，所以做出了產品。

不得不承認，「富」人的確有先天優勢，但優勢的地方卻不在於錢本身，而在於思維方式與行動力上。窮人往往易受金錢支配，以所屬的金錢多少來控制自己的行動範圍，把金錢視為至高無上之物，因此往往造成表面上是為錢而努力，實際上卻根本從未有實質性努力的惡性循環。

不知道為什麼，電視中演的那些山裡的孩子尤其熱愛讀書？實際上，在我家鄉的那個小鎮裡面，依然有很多中學都沒讀完便早早輟學的孩子，一方面在於父母無知，不認為讀書有什麼重要性，最為無言的說辭是這樣的：「你看看那誰誰家的孩子，讀了十幾年書畢業，還不是一樣只賺幾千塊錢。」另一方面，孩子自身也不認為讀書有什麼用。

書讀得少其實是一件非常快樂的事情，因為他們絕對不會思考，如何逆轉成「富」人這樣深奧的問題，他們只會單純地想一個字「錢」。

忘了在哪部影視劇裡看到的片段，一群工人模樣的男人，蹲在地上等待被人雇用，來了一個工頭模樣的人，出了一個非常不合理的低價，這時候衣著最破爛的那個人，站了起來接了這個工作。你猜後來怎麼樣？

後來這個地方的勞工價格就被越壓越低，因為無論多低都會有人接。看那群累彎了腰的大哥們，真的不知道是該同情還是該說他們咎由自取？

想起嚴歌苓《扶桑》裡關於中國移民者的那段描述：「不管人們怎樣吼叫，把拳頭豎成林子；怎樣把『中國佬滾出去』寫得粗暴，他們仍是源源不斷地從大洋對岸過來了。他們不聲不響，緩緩漫上海岸，沉默無語地看著你；你擋住他右邊的路，他便從你左邊通過，你把路全擋完，他便低下頭，耐心溫和地等待你走開。而如此耐心溫和地等待，最終也確實會使你走開。他們如此柔緩、綿延不斷地蔓延，睜著一雙雙平直溫和的黑眼睛。從未見過如此溫和的黑眼睛。從未見過如此溫和柔韌的生物。拖著辮子的矮小身影，一望無際的從海岸爬上來，以那忍讓一切的黑眼睛逼你屈服……」

這就是窮的劣根性，骨子裡的自我輕賤。

我們的父輩們，祖祖輩輩的謙卑和善，是這社會上再普通不過的老好人，他們常常教育他們的子女，凡事要學習忍讓，因為我們惹不起別人；另一個世界的人們卻教導孩子，要為自己的權利而奮鬥，你搞不定還有我。

所以，富人變得越來越富，窮人變得越來越窮。

英國有一部紀錄片叫作《人生七年》，片中訪問了十二個七歲的孩子，每七年再重新回去訪問這些小孩，到了影片的最後就會發現，大部分富人的孩子還是富人，窮人的孩子還是窮人。但是裡面有一個叫尼克的貧窮小孩，他到最後透過自己的奮鬥，變成了一名大學教授，可見命運的手掌裡面，是會有漏網之魚的。

狄更斯在一百多年前曾說：「這是最好的時代，這是最壞的時代，這是智慧的時代，這是愚蠢的時代……」

何為最好？何為最壞？何為智慧？又何為愚蠢？突然有一天，你忍氣吞聲地發覺，這個世界真的是變了。你可能努力奮鬥了十年，都不曾得到的東西，別人一句爸爸媽媽，就可以輕易拿來，有些東西可能一出生就已註定，我們的努力看起來那麼的微不足道。

透過努力真的可以實現逆轉、絕地反擊嗎？你開始懷疑。

決定一件事情成功與否的幾個要素裡面，出身真的很重要，其次是運氣或者機遇，再者也許才是努力。

「只要你努力了，便一定會成功」的論調，在這個時代已經很難成立。

或許以上通通都是鐵一般的事實，即使如此，為什麼你還是需要去努力？

因為，除了努力，你其實一無所有。

所以，你如果連努力的心都沒有了，就真的是窮得連渣都不剩了。

最後，借用劉媛媛的演講《寒門貴子》裡的一段話：命運給你一個比別人低的起點是想告訴你，讓你用你的一生，去奮鬥出一個絕地反擊的故事，這個故事關於獨立、關於夢想、關於勇氣、關於堅忍，它不是一個水到渠成的童話，沒有一點點人間疾苦；這個故事是有志者事竟成，破釜沉舟，百二秦關終屬楚；這個故事是苦心人天不負，臥薪嘗膽，三千越甲可吞吳。

第四章

可以看透生活，但別丟失自己

如何面對「擺架子」的人？

學妹在私訊裡跟我哭訴，第一句話就是：「我辭職了。」

事情的始末是這樣子的。

學妹和室友P原本是大學時期關係最好的姊妹，校招（校園招聘）的時候，兩人投遞了同一家公司，經過層層篩選，沒想到竟然都被選上了。

想著可以和最好的姊妹到同一個公司實習，學妹自然是欣喜若狂。剛開始工作兩人互幫互助，一切都還順利。不過漸漸地，情商（EQ）的優勢便起了作用，P以情商高、擅溝通等優勢率先被主管提拔，做了她們那一撥校招生中的小領班，也算是半個小領導。

學妹自然為她的提升而感到高興，但同時也憂傷地發現，曾經的好姊妹突然間變了。

例如：學妹請教她問題的時候，她開始變得冷淡且不耐煩，偶爾還會出言抱怨。最讓學妹傷心的是，她竟然會指使她跑腿，幫主管送文件、影印資料、送發票……而這些明明都是她力所能及的。

當她再一次指使她做事情時，學妹終於忍不住爆發出來，反問她：「這些你自己難道做不了嗎？」

對方的反應是：「我是看你有空才找你幫忙的呀？不就是送個東西，何必這樣？」

周圍的人開始用異樣眼光看向學妹。

從那天起，她和P再也沒有說過話。學妹說她自己有些後悔，想著對方肯定是把她當朋友，才凡事找她幫忙的，原本她還想找個時間請P吃頓飯講和的，但又發生一件更加令她心寒的事情。

星期一一大早，P就氣沖沖地往她桌上甩了一張發票，說：「你是故意的吧？你連一張發票都黏不好，那還能做什麼？」

那正是上周P讓她送去財務部的發票。

學妹說她到公司這大半年的時間，熬夜到凌晨的時候都從沒有想過要放棄，但看到曾經是好姊妹的人，突然變得這麼有架勢的那一瞬間，她決定要離開了。

就這樣離職了，走的時候沒有和P打招呼，只是從玻璃窗裡遠遠地看了她一眼。她說沒想到大學四年的友誼，工作這幾天就消耗掉了，原來友誼這麼脆弱。

從頭到尾我聽的都是學妹的一面之詞，難免對她的同情心多了一些，但不可否認的是，她的室友做法雖有些不近人情，語言也略顯刻薄，但道理是正確的。

我建議學妹應該好好補強自己的職場技能，不該再發生這種黏錯發票的小錯誤。同時，也不該太過情感化地處理職場關係，如果對方不是她的好姊妹，或許她只會在心裡抱怨幾句而已，至少不會如此委屈，甚至到辭職的地步。

同時，再反過來說她的室友P。

還是我上面說的那個理，即使說得沒錯，但做法也太過不近人情，另外，的確有擺架子之嫌。

擺架子這件事，還真的和官大官小沒什麼關係，就是做人的態度問題。

講到這裡，便不得不提一提我經歷的那些奇人異事。

曾經於組織論壇的時候，遇到過這樣一位嘉賓。

當時在邀請來賓方面遇到了問題，手裡可邀請的人選碰巧都要出差，時間只能拖延到月底，無奈之下，想起了前階段同事介紹給我們的那個老闆。當時坐在一起聊過，他也表示論壇如有需要，可以找他來給我們分享，但是當我們真的再去聯繫他時，他反悔了，而且還用了非常蹩腳的藉口。

其實，有些在我的預料之內。

一早和搭檔商量的時候，我就表明了自己不想邀請他的想法，當時的理由是分享嘉賓年齡大，不可控性大，最關鍵是他不一定願意配合。

就差直白地告訴我的搭檔，這個人有些「擺架子」。

時間退回到和這位老闆見面的那天。

當天他坐在我們對面，雙手十指相扣，身子斜靠在椅背上，微微蹺起二郎腿，呈現出一種異常放鬆的姿態。與之談話的時候，視線正對著他的鼻孔。這樣的坐姿一般由兩種原因造成：第一種是姿態，略帶些傲氣的姿態，藉此來表現自己的高高在上；第二種是體型，有大肚腩的人這樣坐著比較舒服。

顯然，他屬於前一類人。

我沒有上過正規的心理課，評判人的標準沒有所謂的科學依據，這些觀人的技能源於我之前的工作。當時所從事的是銷售行業，一年半的時間，大概接觸了一千五六百個形形色色的人，雖然他們職業相同，但是他們的性格和處事方式卻大多迥異，有尖酸刻薄的大姊，也有古道熱腸的大叔，有心懷不軌的「笑面虎」，也有悶聲做事的刻苦青年。

正因為與社會形形色色的人有過密切的接觸，所以在「認人」方面，掌握了一套屬於我自己的小竅門。

還有一次，在海創周的演說現場，某位創業項目的CEO，在抽到大數字號碼牌之後隨即反悔，找到組委會商量，希望可以將其演說順序調到前面，因為怕趕不及晚上的飛機。

當時與我們進行協商的是那位老闆的男下屬，那位老闆就在他身後五公尺遠的座位上蹺著腿坐著。組委會出言解釋：「這是大會規定，我們沒辦法給您進行更改，否則抽到別的號碼牌的演說者也會不服。」

對方開始大聲嚷嚷：「我們只是趕飛機嘛，你們能不能通點人情啊？」

當時在場的只是工作人員，並無實權，雙方僵持不下的時候，那位坐在椅子上的老闆站起身來，拍拍衣服，不怒自威對著男下屬招招手，說：「別為難人家小姑娘了，她們也不容易。」

那個男下屬看了看我們，點頭哈腰地朝他老闆小跑步過去。當時我也在現場，對方的難處我能理解，隨即張口詢問他們飛機的起飛時間，老闆見調換有望，重新走了回來，說明了一下具體的起飛時間。

我們根據流程上的時間安排，幫他推算了一下完成演說的時間，距離飛機起飛還有將近兩個小時，如果出門直接乘坐地鐵，半小時即可抵達，完全來得及坐上飛機。

我們將想法告知對方，得到的卻是一個生氣的轉身。

剛剛就囂張無度的男下屬再一次衝上前來，怒吼一聲：「我們老闆能坐地鐵嗎？」

嘿，奇了怪了，你們老闆怎麼就不可以坐地鐵了？

事情變得更加糟糕，最後的結果，就是把他們移交給組委會高層去處理。

遠遠看去，剛剛在我們面前還囂張跋扈的男下屬，這會兒正卑躬屈膝地幫老闆遞礦泉水……

那畫面真的是可悲可嘆！

這就是我現在的工作，依然每天接觸著形形色色的人，整體來說，其實比做銷售的時候好上太多，起碼不會被當面質問或責罵，想當初我也會被這些奇人異事，氣得一臉憤怒或是滿肚委屈，但是現在卻可以坦然面對。

針對擺架子這件事，我有幾點要說：

一、請放平心態，提高姿態，注意時時保持微笑

人呢，這個心態很重要，這個姿態更重要。

我的搭檔說他第一次自己主持論壇活動時特別緊張，他還說我之所以不緊張，是因為我經常負責類似的活動。這不是笑話嗎？第一次的時候我也緊張，但是心態特別的好，想著台下的他們不過和我一樣，一切都是為了工作，有什麼好緊張的？第一次面試的時候也緊張，而且面試三輪，從人資到上面的大老闆，真正坐在那裡時心情卻平靜了。我當時就想，我也沒吃過你家一口大米，無論你多大的老闆，為何我就要怕你？

這種奇葩的論調支撐著我，一次又一次厚臉皮的晃蕩於各種圈子。記得保持微笑，被尊重其實不分年齡與職位，一切都是從你一個自信的微笑開始的。

二、別做抬轎子的人

架子其實都是被抬轎子的人抬出來的，如果沒有那個馬屁精男下屬，說不定他的老闆也不會顯得那麼有架子。所以，其實抬轎子的人似乎更可惡。

沒有抬架子的人，何來的架子？所以一切都要從我們自身做起。

三、別做官架子，要做骨架子

做人應該低調一點，膨脹得越厲害，跌落的時候摔得越嚴重。

與其做個官架子，倒不如做個骨架子，既能支撐別人，又能承重真正的自己。

修養與身分無關

工作原因，接觸過很多中小企業老闆，不過這年頭「老闆」這個詞含金量不足，隨便組個團隊，註冊個公司就可以自稱「老闆」，因此也導致所謂的「老闆」身分明顯的良莠不齊。

接觸多了，總結出一個道理：「修養與身分無關。」也掌握了一項職場必備技能：「見人說人話，見鬼說鬼話。」微笑不再只是一個表達心情的表情，更多的時候，只是一種表現職業素養的禮貌。

不值得敬重的老闆第一款：不守信用型

我的微信好友正以樹狀圖的發展趨勢不斷增長著，為了能夠準確無誤地叫出每個人的名字，對於人物的訊息備註及分組便顯得尤為重要。

除了基本的姓名、領域、公司及職稱之外，還會進行信用分組。這就類似支付寶的芝麻信用一樣，我也會根據自己的判斷，對所接觸的人群進行信用分組。不守時者，扣分；無故缺席者，扣分。

很多人會因為我們舉辦的論壇活動為公益性質，而覺得無關緊要，臨時有了別的安排，便可以隨時取消之前與我們的出席約定，敷衍地說一句對不起。更有甚者會莫名缺席，連原因都懶得告知。這些都是所謂的「老闆」。自以為日理萬機，哪裡都需要自己，實則就是沒教養。他不會考慮到臨時缺席，會為對方帶來多大的麻煩，明明很多缺席的原因都可以提前告知，但他的世界中卻只有自己，從來沒有別人。

不是所有的對不起，都能換來一句沒關係。孔子說：「言必信，行必果。」巴爾扎克說：「遵守諾言就像保衛你的榮譽一樣。」司馬光說：「丈夫一言許人，千金不易。」有些人確實學會了怎麼經商，卻沒學會怎麼做人。

不值得敬重的老闆第二款：言語輕佻、動作輕浮型

昨天刷朋友圈的時候，看到一個網紅A的美照，剛剛發送一分鐘，下面已經有了一個讚，是我的某個嘉賓P，忍不住又讓我想起了活動當天的事情。

當天活動來了好幾位網紅，但只有網紅A比較出眾，P也在嘉賓之列。輪到P講話的時候，他就一遍遍地誇獎剛剛發言的網紅A，親切地一遍又一遍喊人家的名字，提到別的網紅時，就變成了食指指著對方：「剛剛就你說的，名字我沒記住……」

我不是台上的網紅，我不知道被人用手指著說話是怎樣一種感受。只是他言語的偏袒之情，讓我一個局外人都覺得渾身不舒服。尤其是作為一位已婚男士，公共場合言語如此輕佻，真不要臉。

還有位嘉賓L，長相一臉正直，說起話來也是頭頭是道，原本很敬重他的才華，但私

下接觸後就會發現，什麼叫作「人不可貌相」。同事H小姐和他對接工作時，他總是自然地搭肩。

拜託，表示親切這有些過了吧？有事說事，別動手動腳好嗎？這樣真的很噁心。

不值得敬重的老闆第三款：自視甚高型

樓下咖啡廳是創業咖啡廳，所以經常有創業者約在這裡聊生意，其實很容易辨別出長桌兩側的人，誰是甲方誰是乙方。

有次辦活動，有兩人坐在靠角落的位置聊天，其中說話的男人聲音過大，影響了我們這側的活動舉辦，我便走過去提醒，那人皺著眉點了下頭，算是回應了我，但聲音絲毫沒有減弱。我反感地又回頭打量了一下那人，只見他斜靠在椅子上，一隻手拄著椅子的後側，略微昂頭地看著他對面的人，一臉的趾高氣揚。

看不見對面那個人的表情，只見他時不時地點點頭，離遠點看就像是被老師教訓的小學生。

沒過多久，兩人起身準備離開，我終於看到了剛剛那個背影的長相，他笑著和對方握手，男人象徵性地回握了一下，手一揚，大步朝著門口走去。駐足在原地的小夥子收起剛剛的笑容，變得一臉嚴肅。當時我站的位置離他很近，看清了他臉上的表情，那是一種很微妙的、略含鄙夷的神情。

工作其實就是這樣，總會遇到一些自我感覺良好的客戶或者高層，即使我們心中覺得對方是個蠢貨，依然要保持平和的微笑。

工作上這種新奇的事情還有很多很多，給初入職場的人一點小忠告：

一、別太把對方當回事兒，也別太把自己不當回事兒。尤其是女性，在遇到上述講的那種言語輕佻的老闆時，千萬不要因為顧及對方身分，而縱容其毛手毛腳的行為。

你要知道，我們憑的是本事賺錢，和他沒有任何關係。

二、太生氣的時候，不要直接與客戶接觸，將情緒緩和下來再溝通。

情緒的控制需要不斷地歷練，年輕的時候很容易抱著一種「大不了不幹了」的衝動，但是工作嘛，就是要求你即使知道對方是個遜咖，我們也要陪他把戲演下去，畢竟任何一份工作的錢都不容易賺，有些時候忍氣吞聲也是工作的一部分。

三、氣頭上別在公共平台發表言論，等冷靜下來時你會後悔的。

當時有個同事被公司開除了，氣頭上在朋友圈說了很多前公司的壞話，那家公司的人事經理原本惜才，本打算將他介紹到朋友公司去的，結果看到他這般消極的言論，直接將他刪除了。他不但因此錯失了一次非常好的機會，而且還落了個「人品有問題」的壞名聲。

四、工作而已嘛，何必太認真。

這絕不是一個消極的言論。

念書的時候，可能會因為和朋友就某一件事的觀點不同而吵架，甚至冷戰，但在工作中不要這樣。

工作中產生分歧的事情時常發生，但工作只是工作，不要上升到別的層面，尤其不要在工作中拉幫結派。

劉希平在《天下沒有陌生人》一書中說過：「每個人的價值觀有所不同，真正的智者應該兼容並蓄。要求所有人的言行都符合自己的價值取向，這本身就是癡人說夢。寬容的心態是保持與人良好溝通的前提，求同存異也是處理矛盾的重要原則。」

無論如何，面對工作，記得保持微笑，畢竟即使不是出於本心，也可以出於禮貌……

噴子無情，
你又何必用心

是，那篇《十七天女生獨行，如何用四千元橫跨南北三省四個城市？》的文章是我寫的。

當時在簡書（網路的一個創作平台）上的反應不錯，而且一些微博、公號大V（大V通常指在網路上十分活躍，又有大群粉絲的「公眾人物」）還私訊了我要求授權。這麼多人喜歡它，我本來挺高興的，便欣喜的通通開了白名單（意指特別容許某些來源的電子郵件進入收件匣）。

可惜我料到了開頭卻沒想到結局。

簡書上一面倒，好評又勵志的遊記到微博讀者的口中，卻變成了「騙人的毒雞湯」，評論簡直瞎到爆。

我耐著性子將上百條的評論看完，總結成一句話：陌生人的眼裡，我是一個「謊話連篇」「不乾淨」「生活作風有問題」「為了刷旅行地數量而旅行」的壞女人……

當然，原話比這些言語要惡毒更多。

出於好奇，我還特意點進去那些攻擊我的人的微博主頁看了看，得出的結論更加令我驚訝不已：「這人明明長得很陽光呀！」「這微博簽名寫的不正是詩與遠方嗎？」但為何這樣的人，卻喜歡在別人的微博評論裡，用那種陰陽怪氣的語調說話呢？

我百思不得其解。

晚上坐車回家的時候，無意中瞄到隔壁女生的微信聊天內容，看到了幾句髒話，我再試圖抬頭打量她的樣子，看起來蠻嬌小的一個小姐，穿得很亮麗，長相也很甜美，難以把微信上看到的內容，和她本人聯想在一起。

那一瞬間，好像突然明白了什麼。

環顧四周，好些人都在低頭把玩手機，面前座位上的大哥，甚至在耐心地誦讀手機上的詩句，教坐在他腿上的男孩背唐詩……

車上所有人雖看起來有些疲憊，但都不像什麼壞人，那些糟糕的言語安放到他們任何人身上，我都覺得格格不入。可是，說不定他們之中的某個，就是躲藏在網際網路背後的那個網路噴子（噴子指喜歡批評謾罵的人，類似酸民之意）。

如此想想，這個世界有多可怕？

他們看起來對人很好，但情感是淡漠的，缺乏熱情，並且總是伴隨著孤獨，就像是活在一個孤島上……

也許這就是大多數人的真實寫照，他們掩藏了內心的那份冷漠與惡毒，將自己裝扮成了一個好人。而網際網路這個平台卻可以讓他們釋放天性，做回那個最為真實的自我，如此便有了網路噴子。

但是，那個噴子也很可能是你我，很可能是任何一個人。兩個人對於同一件事情的定義不同，或者是兩個人所處的立場不同，諸多因素都會使兩人對同一件事情的看法產生分歧。

我試圖換個思考方式來理解他們，也許是窮遊的毒雞湯荼毒，也許是自我無法實現，便對他人產生懷疑的疑心病使然，總之，他們有各種理由，編造出一個「聲名狼藉」的我。

想起很久以前認識的一個朋友A，她長得嬌小可愛，眼睛特別有神，並且留了一頭滑順又烏黑的齊腰長髮，用橡皮筋隨意地紮在腦後。在那個流行殺馬特髮型（指誇張的髮型和髮色）的年代，這個打扮絕對是女神級的人物，最關鍵是她說話還特別溫柔，尤其是在我這種大嗓門的對比之下。

但某天我的朋友B卻告訴我，A前幾日和別班的一個女生吵架了，罵得很凶。我說不可能啊，她連說話聲音都不大。B只是略帶神秘地笑了笑。

幾天之後，在一起補課的路上，我們又遇到了前幾天和A互罵的女生，兩人一不順眼又槓了起來。第一次聽見A那麼大聲地講話，而且還是髒話，當時的驚訝如今都還記憶猶新。同行的D悄悄的告訴我，這才是A真實的樣子，她在以前的學校經常這樣……

那件事情距今快十多年了，我竟然還能夠依稀回想出當時的細節，可見它對我的影響有多不一樣。

「人不可貌相」五個字，至此算是透徹地理解了。

我後來在想，那個在我們面前乖巧聽話，說話小聲細語的A，到底是裝出來的還是怎樣？長大後才慢慢想通這其中的奧秘。

其實，我們大家都不過是演員，辛苦地扮演各種角色。懂事的孩子，乖巧的學生，善解人意的愛人，熱情善良的朋友。而我們心中那份戾氣又該何地「放矢」？優秀的演員將那份戾氣一直藏在心裡，或者釋放在無人的夜色中；而有些人，或許只能在無所謂的陌生人身上釋放「毒氣」，如此想來，他們不過是劣質的演員，未能演好「好人」的角色罷了。

生活中總會發生一些莫名其妙的事情，比如「莫名其妙的挨罵」。

我發現，這樣惡毒的語言，大多數發生在陌生人之間，正因為彼此不熟悉，所以一方才可以肆無忌憚地口無遮攔，這是幾千年遺留下來的，只屬於我們的面子文化；如果兩個人夠熟悉，即使內心想把對方一槍斃了，也很少有撕破臉的情況發生。另一點發現就是，幾乎所有人都希望別人喜歡自己、誇獎自己，沒人喜歡聽不好的話語。

仔細回想，「被罵」這種事，已經不是第一次發生在我身上了，混跡在網路上的人，難免都會遇到和我相同的遭遇，說不生氣肯定是假，就連內心強大的明星也未能免俗。

我們應該反駁回去還是該自己委屈？

其實我覺得都沒必要，在網路上被罵這件事，也不一定是壞事。相反地，要恭喜你，說不定你快紅了。

噴子沒經過大腦的一番言論，又何必偏要經過大腦過濾？

不如，就當他在我們面前放了個毒氣，臭一會兒並不會影響空氣。

你看，你還是那個你。

請遠離低智商的善良

「善良」是中華民族的優良傳統美德之一，從小我們便被父母教育，做人一定要善良。

但所有的善良都值得褒獎嗎？

不一定。

「低智商的善良」就絕對不可以。

看《請回答一九八八》的時候，女主角德善的父親成冬日，就是這種「低智商善良」的典型代表，自家舉債、窮困潦倒的情況下，卻經常買一些無用的東西回家，理由是賣東西的那些人看起來很可憐……

但分明他女兒的那雙舊運動鞋，整整穿了三年都捨不得扔掉，他兒子被別人嘲笑地喊成「半地下室」（他家住在半地下室中）。

故事來源於生活，這其實就是生活中小人物的典型寫照，社會角落裡往往有這樣一類人，對家人異常吝惜，可是對外人卻格外的大方，看似善良，實則愚蠢至極。

這樣的善良根本不叫善良，而是沒有認清自己的能力。

這不得不讓我想起自家老爹，他簡直就是生活中的真實案例。

在我很小的時候，他還在工廠工作，有一大票看似交情不錯的同事，我媽當時也有工作，每日早出晚歸，基本上見不到面。

輪休的日子，他總是盛情邀請那些同事到家裡大吃大喝，這些人簡直如同強盜一般，從來都是空手而來滿載而歸，將家裡能吃的東西洗劫一空，野蠻得像古時候的山賊。我的形容詞也許誇張，但在僅剩不多的童年記憶中，還是留有些許難以磨滅的陰影。

那時我家的院子很大，栽種了很多種類的果樹，秋天時結實纍纍，可是那群人來了之後，就像颳完大風又下了半小時的暴雨一般，滿地只有落葉泥濘與狼藉，那種慘狀刻在我童年的幼小心靈上，至今都無法忘卻與釋懷。

這種「低智商善良」的人，總是對那些無關緊要者過分地友好、大方，卻忽略了身邊親人的感受，拿不定事物的輕重，也傷害了親近之人的心。

不知道第幾次看到這樣的新聞，「老夫妻聽信偏方，食蟾蜍治病雙雙中毒妻身亡」。

和老人相處過的人，肯定也有一樣的苦惱，我就因此被我奶奶逼迫去喝什麼生雞蛋，還有用一種植物的藥水泡腳，諸如此類等等。小時候不懂科學，基本上都會照做，長大後便總是據理力爭，但她老人家就像被傳銷組織洗腦了一般，十頭牛都拉不回腦筋，她還會委屈的責怪你不懂她的好意。

那些跟老年人說偏方的人，就和上門推銷保健食品的人一樣，也許本意出自善良，卻絕對不算做了好事。

前幾天看了則新聞，說有個小孩子拿尖銳的物品四處亂劃，一個車主眼看著他就要劃向自己的車子，便出言制止，這時候孩子的媽媽出現了，非但沒有制止自家孩子的行為，反倒和那位車主據理力爭起來，滿嘴嚷嚷著：「你這麼大一個人，幹嘛和一個孩子計較……」

看到這種家長的嘴臉，終於知道這孩子像誰了。

生活中這樣的人超多，譬如：「你家那麼有錢，他家有困難你們怎麼不多幫忙……（錢難道是大風吹來的嗎？）」「你一個大男人和女人吵什麼架？（那個女人不僅欠罵還欠揍啊！）」

這種低智商善良有個專屬名詞：道德綁架。

只能應了那句話：「可憐之人必有可恨之處。」

郭德綱之前有過一個關於「人性」的採訪，裡面說了這樣一句話，「我其實挺厭惡那種就是，不明白任何情況，就勸你一定要大度的人，這種人你要離他遠一點，因為雷劈他的時候也會連累到你。」

就拿王寶強的事情為例，當時很多人都指責他的做法不夠爺們，再怎麼說也是夫妻一場……

天哪，哪個男人戴綠帽子了，還可以笑呵呵地祝福對方？

我忘記之前在哪本書上，看過這樣一個故事，或者是一個刑事案件實錄。父母之命媒妁之言，那個女人嫁給了鄰村的一個男人，結婚之後她才發覺男人有虐待傾向，可是她已經懷了孩子。

懷孕的時候男人變好了一些，但在孩子剛出生不久，他又開始肆無忌憚地虐待起她來，女人實在忍不住，抱著襁褓中的孩子回到娘家，但娘家人不但沒有為她做主，反倒拒之於門外，說嫁出去的女兒就是潑出去的水，讓她趕緊回去，畢竟那是孩子的父親，為了孩子有個完整的家，她必須得回去。而且她一個已婚女人還帶個孩子，這樣回了娘家以後誰還敢娶她？

總之就是一句話，她必須得回去，回去找那個虐待狂的丈夫。

再後來，那個男人性侵了自己的女兒，某天夜裡，女人帶著恨意，把他殺了，甚至將他的屍體剁成了肉醬，以解心頭之恨……

女子被捕入獄，只留下一個滿身創傷，又有些癡癡呆呆的小女孩獨活，可悲可嘆……釀成這場災難的罪魁禍首，那對善良到無知的父母根本脫不了關係……

善良有很多種，但並非都是好的。

真正的善良，該是設身處地為他人著想，真的可以為他人帶來確實的好處，而不是以自己短淺的、無知的、自認為是對他人好的思想綁架對方，進行毫無意義的憐憫與施捨。

而低智商的善良，也許出於好意，但結果卻不盡人意，幫倒忙的善意等同於作惡。

所以，我情願你冷漠，也不要你會錯了善意。

千萬別做雙標青年

學妹在朋友圈發了張掛彩的照片。

我問她怎麼了？

她說前幾天和人打了一架。

學妹今年剛剛上大一，住校，寢室一共四個人，兩個本地人，她和另外一人是外地的，周末的時候，寢室常常只剩她和那個外地的。

難得周末的清閒時光，本該是件高興的事情，可是學妹卻高興不起來，因為她那個室友每到周末都要去打工，常常半夜歸來，一早離開。

最讓學妹惱火的是，即使她睡著了，那個室友回來的時候，也會將寢室的燈全部打開，然後洗臉泡腳弄得劈里啪啦響，全然不考慮學妹的感受。一早離開時亦然。

剛剛開學不久，同學之間還不是很熟，學妹雖在眉眼間表現出了不耐煩，但還是忍住了抱怨，就這樣持續了三個多月。慢慢熟悉之後，學妹試圖用半開玩笑的語氣，提醒對方這樣做會打擾到自己。

對方尷尬地笑笑算是回應了學妹。

這件事過去沒多久，也是一個周末，那晚學妹的室友很早便回到了寢室，學妹問她怎麼不用去打工？對方態度很不友善地回道：「不幹了，都打擾到你休息了，怎麼還好意思做？」

學妹頓時傻住，不知道該如何回應對方。

那位室友不去打工之後，周末基本上就會窩在寢室裡，有天晚上學妹和同學一起去看電影，回寢室時八點半左右，不算很晚，進屋後隨手開了燈，結果吵醒了那位睡著的室友，對方立馬發了火，很酸的語氣嗆了學妹：「別人睡覺的時候不知道注意一下啊？」

學妹脾氣也火爆，直接嗆了回去：「你什麼意思啊？」

就這麼屁大點的小事，兩個看起來都挺嬌小的女生，就真的動手打了一架。

這事說小也小，說大也大。

讀書的時候，尤其是住寢室的日子，這樣的情況最常見。大家的生活習慣不同，總需要磨合與互相包容，但也總有一兩個不合群的人，做任何的事情只以自己的喜好為標準，她睡了，別人就得跟著閉嘴關燈；她醒了，別人就得陪著清醒。

學妹的處理方式就是直接幹上一架，然後再找舍監更換房間。這樣的做法不算高明，但總算是遠離了「地雷區」。

看上去雖是件小事，但實則是件非常普遍的大事。

前一段時間去西安玩，到我大學同學的宿舍裡借住了幾天，她在那邊念研究所。她的室友是一名超級學霸，早出晚歸，成天泡在圖書館裡，和學妹的那個室友一樣，不太在乎同寢室人的感受。我的朋友性子慢，沒啥脾氣，再者就是長大了，也懶得因為這樣的事情和室友傷了和氣，久而久之，有了另外的「報復」手段。兩人最終達成了一個不成文的「共識」，互相影響，互相傷害。

大家彼此彼此，面子上倒也相安無事。

你看，成長並不意味著成熟，相較學妹的做法，這位學姊的作為並未升級也不高明，唯一代表成熟的標誌，便是歲月培養了更多的忍耐力。

針對雙標的人，要麼狠要麼忍，結果卻都不盡人意，追究起責任來，就在於那個發起「雙標」的人。

這種人太過自我，太過利己主義，有時也許並非出於惡意，只是在做事的時候，少了考慮他人的感受。這個人很可能就是你我，別不相信哦！想像一下等公車時的情景，如果你站在公車的外面，即使車子已經客滿了，你也希望裡面的人可以擠一擠，讓出個位置來給你。反過來，如果此時你是公車裡的人，是不是就希望車子趕緊關門，免得車內擁擠難受？

出於自身考慮的「雙標」思想，再善良的你也很可能無法免俗。

還有另一種「雙標」青年。

周末坐公車的時候，便遇到了這位雙標小姐。

車子一個轉彎，到了理工大學站，上來一位老者，腳步蹣跚，走得踉踉蹌蹌，不過身姿依然挺拔，有一百八十幾的個頭，臉上布滿了老人斑以及白斑所引起的皮膚脫落，頭髮已經灰白，目測年齡在八十歲以上。

他停在了雙標小姐的面前，車子微微晃動，他的身子便也隨著晃動，站得讓人膽戰心驚。雙標小姐抬眼看了他一下，迅速地撤回了目光。

沒有，她沒有絲毫讓座的意思。

還好，沒過幾站老人便下車了。就在同一時間，前門又上來一家四口，父母帶著兩個孩子。這一次雙標小姐毫不猶豫地站了起來，笑著把座位讓給了其中一個孩子，孩子心安理得地坐下，似乎覺得這就是理所應當的事情……

很久之前我發起過一次投票，投票的內容是：如果你的孩子和你的媽媽一起掉進水裡，你要先救誰？

有個答案我至今記憶深刻，他說：回答這個問題我覺得很沉重，本來我應該不需考慮地選擇我媽的，但是當我真的有了孩子，真的為人父母，才發現孩子已經成了我生命裡排在第一位的那個……

不只他，同為身處人情大國的我們而言，老人與孩子之間，這碗水永遠都無法端平。換個角度來看，如果掉進水裡的，是別人的媽媽以及別人家的孩子，那麼這一次你又會如何選擇？

也許，多數人會選擇救那個孩子吧，畢竟他未來的人生還很長。

想通的那一刻，我突然無法再對雙標小姐表示埋怨，想起了很多年前看到的某個電視劇，裡面有這樣一個情節，一個女人對另一個女人說，你家孩子已經有那麼多新衣服了，有錢該給你媽買件新的吧，她那褲子都補幾次了！

女人依然專心挑著小孩的衣服，漫不經心地回答，「她那麼大歲數了，買新的都沒機會穿，幹嘛浪費錢……」

這只是生活中很小的一個縮影，但或許卻是社會眾生相。

其實，父母們也曾是別人捧於手心的孩子，只是後來他們的父母老了或者是不在了，他們又有了自己的孩子，所以不得不收起軟弱與不成熟。後來的後來，當初被溺愛的我們也要為人父母，丟了軟肋，披了鎧甲。

如若兒女孝順，這段無畏付出也許值得；如若碰巧他們不懂得那些用心良苦，只不過是給年老徒增了一絲淒涼罷了。

人類的情感本身就有失理智，所以在不同人的對待問題上便難免偏頗。所以你看，我們其實可以給自己的「雙標」找無數個藉口。

女人打扮得帥氣被誇讚為「酷」，男人打扮得秀氣被稱為「娘」。男人找很多女人，是有本事的象徵；女人找很多男人，是「不正經」的表現。

生活中這樣的例子比比皆是。當我們成為「雙標青年」眼中雙標的對象時，我們也在用同樣的「雙標」眼光看待別人，這個時候，我們不妨試著反省一下自己。

所謂的「彼此彼此」嘛，沒有「彼」，何來的「此」呢？

所以，千萬別做雙標青年，多一份諒解便會多一份包容。結局是怎樣，其實完完全全在於你的選擇。

逐夢之路也許註定孤獨

六月份，在創業創新峰會上偶遇了這樣一位老人，第一眼他便吸引了我的注意力。

沒錯，就是一位老人。他叫作包啓，今年八十二歲，為什麼我會記得這麼清楚？說起這個老頭還真是有點意思。

他在會場中步履蹣跚地走著，手中舉著一個自製的牌子，上面用麥克筆寫了大大的三個字「永動機」。

「永動機」對於我們而言或許很陌生，但不久之前我看了芒果 TV 的自製劇《女生日記之做決定事務所》，其中的一集便是有關於「永動機」（第十二集）。這一集的內容，圍繞一個將畢生都用在研究永動機的老教授，與一名年輕的博士來講述，最後年輕的博士輸了，事實證明永動機是真實存在的。

但是，鑑於該劇第一集，便說女主角是外星人後裔這一點來看，它裡面內容的真實可信度也並不高。

所以活動結束回家後的第一件事，就

是打開電腦，在百度搜索欄裡敲出「永動機」三個字。

「永動機是一類所謂不需外界輸入能源、能量，或在僅有一個熱源的條件下，便能夠不斷運動並且對外做功的機械。不消耗能量而能永遠對外做功的機器，它違反了能量守恆定律，故稱為『第一類永動機』。在沒有溫度差的情況下，從自然界中的海水或空氣中，不斷吸取熱量，而使之連續的轉變為機械能的機器，它違反了熱力學第二定律，故稱為『第二類永動機』。這兩類永動機，是違反當前客觀科學規律的概念，是不能夠被製造出來的。」

以上是百度提供的解釋，總歸一句語就是：永動機是不可能存在的。

故事回到創新創業峰會的活動現場，出於好奇，我和這位叫作包啓的老人聊了一會，我問他：「永動機是真實存在的嗎？」

他毫無遲疑地回答我：「有的，它完全可以一直存在下去，並且無須任何外界動力。」

那一瞬間，我彷彿在現實生活中，看到劇裡那個落寞的老教授，這種為了科學而達到癲狂的狀態，大概不是我們常人所能理解的吧。

但即使不夠理解，依然對他欽佩不已。

我記得小學時學過一篇課文，叫作「兩個鐵球同時落地」，文章講述了伽利略敢於推翻真理、挑戰權威，對人人信奉的哲學家亞里士多德所謂的真理產生了懷疑，經過反覆試驗求證後，在人們的諷刺猜疑中走上比薩斜塔，用實驗證明了真理，重的物體和輕的物體其實是同時落地的。

我堅信，真理永遠不會是絕對的，科學也將有被證明不科學的那一天。但在這一天到來之前，逐夢之路註定孤獨。

你相信鬼魂的存在嗎？這個世界上有鬼嗎？我問過很多人這個問題。

很久之前，在我身上發生過一件邪門的事情，我在睡夢中莫名其妙地醒來，床頭竟然坐了個「人」，我以為自己做夢，使勁地閉眼再睜開，「他」卻還在。

那一瞬間我的頭腦異常地清醒，整個人甚至因為驚恐，而立刻冒出了冷汗。身子像是被人箝制住一般，根本動彈不得，因為害怕只得緊緊地閉著眼睛，後來感覺身體恢復了知覺，才緩緩地睜開眼睛，「他」不見了。

科學上，把我經歷的這一現象，叫作「夢魘」。

第二天我打電話給我爸說明這件事情，他的第一個反應就是哈哈大笑，還嘲笑我說：「你一個受過高等教育的大學生，怎麼還會相信這些東西？」

所以後來我寫了《一隻鬼的故事》，把撞見的那隻「鬼」，改寫成了一個溫情又寂寞的「透明人」，然後這才自欺欺人地不再害怕黑夜，明顯這只是一種心理暗示法。

但很幸運，它很奏效。

網路資料上關於鬼的解釋如下：

「鬼是不存在的，至少人們以前想像中的『鬼』是不存在的。人們總是在說人分為肉體和靈魂，而鬼一般又稱為『鬼魂』，即只是人的靈魂，又多為依附於肉體之上的，肉體的死亡，也就昭示著靈魂的附帶死亡，或是思維的死亡。人的明示思維（如語言、行為等），是有方式保存下來的；而暗示思維，是無法保存的，也就確定了『鬼』是不存在的。」

為此，我還特地在讀者群中發起了投票——「你認為世界上有鬼嗎？」

投票的結果顯示，認為有鬼的一方與認為無鬼的一方趨於持平狀態。

所以，你看啊，真理並不絕對，起碼在我們的心中它不絕對。

你知道李莫愁嗎？

就是金庸筆下那個為情所困的女子，她一生做過最錯誤的一件事，或許就是愛錯了一個人，執念於心，不忘亦不能自我原諒，所以積恨成魔，殺人成性。

但是我們卻深深地記住了她，理解她並且同情她。

甚至可以原諒她……

所以，你看啊，人們看待善惡的時候也不絕對！

講述了三件事情，看似毫無關聯，你知道我究竟想講什麼嗎？

其實就是一點，這個世界不是絕對的。

真理如此，科學如此，良知如此，人性亦如此。

那個老人的出現讓我思考了良久。

他在擁擠的會場中步履蹣跚地走著，身旁是匆匆的路人，沒人為他駐足，有的也只是嘲笑或者觀賞。

年過八十的老人，穿了正式的西裝，為了多些自信，每走一步路時，都會故意挺直腰桿。

但他還是慢慢地、慢慢地淹沒在人群之中。

和這個世界相比，我們總是如此的渺小，更何況是那些特立獨行的人？

立志打破真理的老科學家也好，心裡住著女人的男人也好，當你的行為不被大多數人理解的時候，逐夢之路註定是孤獨的。

但是，不要因此氣餒，當整個世界都將你拋棄的時候，你卻依然堅持做自己，這才是夢想真正的意義。

男人的肩膀上究竟有什麼？

我今天碰到了一位特別的推銷員，他站在光影斑駁的樹蔭裡，趁我經過他攤位時，不快不慢地說起了廣告詞：「要不要來杯優酪乳，解暑降溫？」

我側頭，正好看見他的肚子，聯想起肯德基爺爺，忍不住輕笑，缺少興趣匆匆離開。

在我回身的瞬間，他依然語氣不卑不亢地說了幾個字：「打擾了。」

很暖心。

他是迄今為止，我見過最為印象深刻的推銷員。推銷時沒有刻意的熱情，被冷落了也能紳士般表達感謝。

這應該就是所謂的紳士風度。

而現實生活就是，很多男士缺少這樣的紳士風度。

我從小就生活在男女比例相對失調的環境中，或許我的說法太過偏激，但是憂傷的歷史告誡我們，女生堆混大的男孩真的會變得越加細膩，而女孩則會相對「漢子化」，比如我。

文理分科造成了嚴重的性格「變異」，教育局這兩年才開始取消，我的心情很複雜，為未能趕上這個好政策而深深地憂傷。

我不知道你是怎麼定義「紳士」這個詞的？

一個朋友告訴我說，她覺得那個追求她的男孩很好，很紳士，因為走路回家的時候，他會自動移到靠近路邊的那側走，因為這個小細節，她被感動了。

身邊其實不乏這樣的男性，我不曉得他們是出於保護女性的主觀意識，還是單純為了討好這個女生，才特地注重這樣的細節。

我不是男生，我不去猜測。

但是我所理解的紳士風度，絕對不僅僅限於此。

有次坐公車，某站上來了一個帶著孩子的爸爸，我像往常一樣起身讓座，那個爸爸拒絕了，說下一站就到了。

在我退回身子準備重新坐下的時候，一個男子搶先了一步，兩人均是欲坐下的姿勢，彼此尷尬地僵在那裡。他竟好意思開口問我：「你還要坐嗎？」我只好說：「那你坐吧！」他便真的不客氣的坐下了。

我有點小後悔，當時為什麼順口就回答了呢？如果我說：「我要坐。」那他又該如何收場？

我想，也許因為我是個陌生人，或許在對待他妻子或者女友的時候，他能夠懂得謙讓與尊重。

另一次也是在公車上，但這次我只是個旁觀者。

那個女人氣沖沖地擠過人群，直奔我的方向而來，她當時的表情看起來蠻嚇人的，走到我面前的時候停了下來，接著對我鄰座的男子張口數落道：「你有座位為什麼不叫我？」

我悄悄地打量那對男女，那個男人很平靜地坐在座位上沒動，解釋道：「我以為你在前面找到座位了。」

那個女人非常生氣地將視線轉移到窗外，氣氛一時有些尷尬。至此，那個男人依然沒有站起來讓座的意思。

車子突然煞車，女人身子一下子不穩，向前傾去。

男人這時候才夢中驚醒般站起身來，殷切到虛偽地說：「來，你坐你坐。」

女人坐到座位上後，瞪著眼睛看向那個男人，又問了一次：「你找到座位了為什麼不第一時間叫我？」她的聲音帶著些許地顫抖，也許是委屈，感覺她快哭出聲了。

我到站了，離開那個座位，下車之前我又看了那對情侶一眼，女人坐到了我剛剛的位置上，男人坐在一旁安慰著她。

男人總是不懂，女人為什麼喜歡在這樣的小細節上計較？

女人天生敏感又細膩，她在乎的難道真的是那個座位嗎？根本不是，她在乎的只是這個男人對自己的照顧與愛護程度而已。

約會寶典上說，點餐可以看出一個男人的素養，也能表現一個男人的紳士程度，還能看出一個人的教養如何。同樣地，吃飯時的細節更能徹底地了解一個人。

或許是爬文習慣導致，我特別喜歡觀察別人，所以才會發現這些不常被注意到的小細節。

有次聚會，隔壁的男生吃飯就有個特別不好的習慣，每上一道菜，他不論喜歡與否，一定要挾到碗中，本來沒什麼，反正都是吃嘛。可是散桌的時候才發現，他的碗裡全是咬了一口便吐掉的食物，有的甚至動都沒動。

到底什麼樣的男人才可以被稱為「紳士」？

電視劇裡幫女主角開車門的那個？還是冷天幫女士披衣服的那個？抑或是宴會中幫女子擋酒的那個？

紳士，一定該是有外在，重內在；表裡如一，人人平等對待。

也一定該是有思想，有內涵，大腦控制行動，禮讓、謙和、有擔當。

還記得幾年前，我帶小弟一起回老家，兩人的行李都他一個人扛著，雖然明明我才是姊姊，而那時的他，只不過是個十三四歲的小毛頭。

他說了句話，至今想想都覺得滿滿地驕傲與感動，他說：「因為我力氣大，所以責任大。」雖然很久之後我才知道，那是他從《蜘蛛俠》裡學來的台詞。

黃景瑜也說了同樣的話，他說：「男人的肩膀不是用來穿衣服的，而是用來扛責任的。」

我終於理解，為什麼越優秀的男士，喜歡他的人越多，大概是因為他們身上的紳士風度；他們懂得如何尊重女性，不只是出於某種取悅的目的，而恰恰是出於身為男人的責任。

所謂偏見，
不過是自己不夠優秀

如果我問：「王思聰創業為什麼可以成功？」

我想絕大多數人會回答說：「因為他是王健林（中國首富）的兒子。」

偏見，在我們心中似乎早已根深蒂固。

仍記得二零一六年里約奧運，當時最值得關注的一條新聞，莫過於「孫楊痛失金牌事件」，對於媒體用「痛失」二字的措辭暫且不談，畢竟我覺得能站在奧運會的舞台上，就是一件神聖又驕傲的事情，豈能容他們妄下斷言？

奪冠的霍頓公開表示，自己不過是贏了一名興奮劑選手，暗指孫楊曾經「因藥禁賽」，但實際情況大家都知道，他服用的不過是調整心悸的藥品，興奮劑之說並不成立。

在新聞的評論裡看到這樣一條：「雖然二十四歲的孫楊輸給了二十歲的霍頓，但二十歲的霍頓絕對贏不了二十歲的孫楊。」

二零一二年，第三十屆倫敦奧運會上，

孫楊以三分四十秒一四奪得四百公尺自由式金牌，當時他也二十歲，該項成績至今仍是奧運紀錄被保持著。

而霍頓是以三分四十一秒五五的成績獲得冠軍，未能打破孫楊二十歲時創下的成績，顯然上面的言論是有跡可循的。

任何一場戰爭，任何一場比賽，勝負都很正常，我們為孫楊感到驕傲，同時也祝福奪冠的霍頓。所謂的運動精神，應該是賽場上兩人是可敬的「對手」，互不相讓，憑實力獲勝；賽後是互敬「對手」，可以微笑招呼，更應該彼此尊重。

這一次，孫楊雖然在泳池裡輸給了霍頓，但在泳池外卻贏了涵養和風度。單憑這點，霍頓輸了。

不久前，在工作的帳號上發表了一篇文章，名字叫作《這個學生，憑什麼在美國兩個月眾籌百萬？》，別以為是故意下標騙人點閱，其實也沒做任何誇張描述，畢竟太過熟悉被採訪者，倒是評論裡的某條引起了大家的注意。

他說：「富二代比較關鍵吧！」

九零後，年輕，學生，眾籌（募資）百萬，這些看似可以組成「青年才俊」四個字的關鍵詞，到了他的眼裡，竟被「富二代」三個字輕描淡寫地帶過了。

有點憤怒，想為那幾個沒日沒夜專一心思創業的小夥子喊冤，無休假的努力身影，他們看不到；夜不歸宿，一百八十幾的個頭，擠在辦公室僅有一點五公尺長的沙發上睡覺的姿勢，他們也想不到。就因為他們過早的成功，所以便被貼上了不符事實的標籤，這樣的言論其實極其不負責任。

但轉念一想，評論者的思維倒也很「中國式」。

這時候，我勸勸你應該去做兩件事，一是去看看李彥宏、史玉柱他們的勵志故事；二呢，就是該靜下來好好學習，努力奮鬥了！這種認知出現的最大可能，就在於自己不夠努力，更不夠優秀。

生活中，這樣的偏見比比皆是：公司外聘了一位年輕的主管，大家一定會認為，這個人肯定是空降，靠關係進來的；一個醜男娶了一位漂亮的妻子，大家表面恭喜，內心卻在狂酸，還不是就看上了你那兩個臭錢；一個剛被上司表揚完的同事，主動過來教剛剛被點名批評的你，你覺得她是在向你炫耀……

我說親愛的，咱們能不能別這麼玻璃心？

你不知道的是，那位年輕主管每天都會規劃工作進度，以及整理工作總結，晚上還念夜間部攻讀MBA。幾年前她也和你一樣，是公司裡一名微不足道的小小職員，只不過你在聊八卦的時候她在努力，你在逛淘寶的時候她在努力，你在看歐巴的時候，她也在努力。

你不知道的是，幾年前，美女被甩的那天更倒霉的碰上搶劫，是那個醜男出手相救，追了兩條街才把她的皮包給奪了回來，還被歹徒刺了一刀，留下一個永遠都去不掉的刀疤。女孩出於感激，每天都會去醫院照顧他，一來一往，兩人產生了感情。

你不知道，那個被表揚的同事真心想幫助你，畢竟你們是同一期進來的，她其實蠻喜歡你，所以願意傾囊相助。

生活中，這樣的故事比比皆是。

貝斯黑萊姆在《偏見心理學》中這樣解讀「偏見」二字：「人們對任何一個事物，都持有觀點和信念，而這種觀點和信念缺乏適當的檢驗，或者與這些檢驗相悖，或者與邏輯推理得到的結論相悖，或者不符合客觀實際。這種觀點和信念之所以被人當成事實，是因為人們信奉它。有時它就像真理一樣在發揮作用。」

在人們的臆測當中，理所當然的把希望的事實當成了事實，從而否定別人的努力與實力，是不是因此才能獲得安慰與快感？

所謂的偏見，其實說穿了就是自身不夠優秀。

打鐵還需自身硬。

如果尋夢的道路上，可以少一點心機與偏見，多一些扎實與努力，或許自己便可以證明自己。

當然，努力也不一定成功，但是不努力是一定不會成功的。

第五章

你連世界都沒有觀過，哪來的世界觀？

生活在於經歷，
別困在房裡

說來慚愧，我十九歲時才人生第一次坐火車，旅行之前，我甚至連遼寧省都沒走出過。

大學所在的大連也是一座旅遊城市，就讀時常常會邀三五好友四處遊玩，那種新奇與灑脫感，好像打開了一扇花花世界的大門，突然好想看看外面更加廣闊的世界，就這樣，旅行的夢想悄悄在心裡埋下了種子。但又自知父母賺錢不易，又怎麼捨得花他們的辛苦錢來滿足自我私欲？這事就暫且被擱置下來。

我是典型的射手座，現實原因束縛，導致我一直做著朋友家人眼中的乖乖女，實則心裡住著一個勇敢又嚮往自由的小人。小學的時候迷戀四驅車，每天的零用錢都存下來，湊足一個月後買了睽違許久的那款車型；高中利用閒暇去餐館打工，攢下的錢交了考駕照的學費。而當時，我恰巧接觸到了網路文學，開始在網際網路上寫小說，大四那年，終於賺足了五位數的稿費，口袋裡一有錢便想「搞」點事情，旅行似乎就這麼順理成章地開始了。

如今已去過黑、吉、遼、陜、冀、浙、川、滇、豫九個省十多個城市以及北上渝（北京、上海、重慶）三個直轄市。從最北的漠河到南端的昆明，橫跨一整個中國的距離，只為遇見更好的自己。

為什麼旅行的首站會訂在北京？一是離家還算近；二來室友三個月前去了那邊實習，到時候可以擠張床住，比較划算；三來聽說那裡有同學，父母比較放心，而且當時我也沒有獨自旅行的勇氣。於是，我興奮地買了車票。二零一四年二月十四日，在往北京的火車上迎來了屬於我自己的「情人節」，那一晚，在搖晃不已的車廂中我竟然睡得格外香甜。

說實話，那是一次很糟糕的旅行，灰濛濛的天氣，發炎的喉嚨，還有走了不少的冤枉路，室友平時的活動範圍僅限宿舍和公司，對北京的了解，還不如我這個臨時看了兩篇遊記的人，所以我就反客為主，自作主張帶她各處去玩，那場景像極了我們上學那段時光。

臨行前一天晚上，我們去五棵松體育館附近看了午夜場電影，當時上映的是《北京愛情故事》，我至今依然記得很清楚。電影結束時等了很久的出租車，好不容易停下一輛，卻被兩個穿著恨天高的女生搶了先，操著京片子對我們比手畫腳，我聽懂了，她說那是她們叫的車。這些沒什麼，有什麼的是她跨步上車時的那句小聲嘟囔，她說：「滾，鄉巴佬。」

初次旅行，便向我展現了來自於陌生城市的深深敵意，那一刻我打定主意，再也不要來北京。

真正一個人的旅行，發生在三個月以後。五月，春暖花開，綠意盎然，我坐上南下的火車，這次的目的地是河北省的秦皇島，離家也不算遠，但卻是獨行。旅行之前我對家裡撒了謊，謊稱和秦皇島的朋友一起回去，然後對方帶著我玩，母親信以為真，這才放行。

上火車的時候，我打了通電話給家裡，媽媽請同行的朋友接電話，不得已只好說了實情。

就這樣，在我自作聰明的小心機下，匆匆地開始了一個人的旅行。在不久的畢業旅行上，我又故技重施，再一次欺騙了父母。

那是異常悶熱的六月，第一次坐飛機的我，站在機場大廳裡興奮地向外張望，第一次離家超過一千公里，第一次呼吸到專屬於南方的空氣，那種激動之情直至今日都不曾忘記，我打電話給老爸，聲音挑高，有無法掩飾的興奮，我問他，「你猜我現在在哪裡？」

當時只顧著自己興奮，從未考慮過父母的感受，根本無法體會媽媽口中那句，「你出門在外，我和你爸整夜都睡不好覺」意味著什麼？我像從籠中放出的小鳥，以為長了翅膀，就可以展翅翱翔，父母拙見，根本就是瞎擔心。

但三年後的今天，我無法再說出同樣的語言。

今年三月，我又去了杭州一次，父母已不再像三年前那樣，每隔半天便電話查勤一次，有一天甚至一通電話都沒有。原本以為小溪同志的努力，終於迎來了階段性勝利，可是後來才知道，那天媽媽病了，住進了醫院……

很多人熟悉我，都是因為簡書上那篇《十七天女生獨行，如何用四千元橫跨南北三省四個城市？》，當時微博、微信上很多名人在轉發，但難過的是我收到的罵聲多於掌聲，一個專業單身二十六年的女生，莫名就成了眾人口中不知檢點的╳╳婊！我覺得很可笑，是，我的確是窮遊，但旅行清單寫得清清楚楚，既不搭便車，又不吃白食，清清白白自己賺錢自己旅行，怎麼會得到這樣的評價呢？

很多人不知道，那次旅行之前，我已經失業了兩個多月，荷包裡的錢越花越少，旅行的機票幾個月前就買好的，肯定不能退，只得省點花，這才是那次旅行格外節省的真正原因。

在那次旅行之前，我還做了件大事，持續鍛鍊、跑步。北方的二月末依然寒冷刺骨，下午四點天色開始變暗，我都會在那時踏著薄冰出門，繞著大工的操場一圈又一圈地跑。雖然旅行背包只有一個，卻足足將近十五公斤，對於不到五十公斤的我而言，有些重了，關鍵是我要背著它旅行十七天，跨越大半個中國，要坐兩次飛機，四次火車，一個人旅行最糟糕的情況，就是在中途垮掉，我不允許這樣的事情發生。

不只一次的被人問及，一個人旅行不孤獨嗎？一個人旅行不害怕嗎？

我有很認真地思考過這個問題，我孤獨嗎？害怕嗎？不應該吧，畢竟即使不去旅行，我也是一個人，也要面對孤獨，面對黑暗，面對無數個未知與挑戰，我原本這樣灑脫地自認為，但實際上卻不是這樣。印象最深的一次是在重慶，青年旅店裡沒能約到臨時旅伴，只得一個人去吃火鍋，那麼一大鍋的食物只有我一個人吃，鄰桌都是熱熱鬧鬧，只有我這裡冷冷清清，正宗的重慶火鍋很好吃，但很辣，不禁辣出了眼淚，那一刻才真正懂得什麼叫作孤獨！

二零一六下半年，我開始帶朋友一起旅行，依然是由我來策劃地點、路線，預約機票、住宿，她只需帶著錢跟著我走就行，一趟下來，她們驚訝地發現，旅行對於普通人的我們而言，原來並不是奢侈品。

某天，我的閨蜜發微信給我，她說：「一整天我都忍不住咧嘴想笑，想到你就要帶我去旅行了，我就很開心。」那一刻我更加堅定了信念，我要讓更多想走卻不敢走的人，享受到旅行的樂趣。

不知不覺，三年過去了，最大的長進莫過於對這個世界，有了更加深刻地理解，以前喜歡看書，可是那些經過文學加工過的文字，遠沒有這個真實的世界精彩；開始學著理解那些不同；開始學著自我思考，而不是一味地被動接受；規劃旅行的習慣，也在影響著我的工作與生活。旅行似乎在無形中侵入了我的骨血，讓我變得自信又健談，包容又周全。

二零一七年，我二十六歲，依然從事朝九晚五的職業，每天在格子間裡工作、生活，個子矮小到隱沒在人群中便找不到，我就是這樣再普通不過的一個人，但我卻依然有著浪跡天涯的夢想，想要成為一個「自由的人」而努力奮鬥著。

旅行，依然還會繼續，沒有終點，不問歸期，畢竟生活在於經歷，而不在於平米（平方公尺，常指房間面積）。沒有旅行的日子裡我也依然努力積極，世界那麼大，我要去看看，但也不著急，慢慢來細細品嘗。如果夢想還沒能照亮現實，那我會用現實照亮夢想。特別喜歡的一本書《平凡的世界》裡有這麼一句話：「生活不能等待別人來安排，要自己去爭取和奮鬥，而不論其結果是喜是悲，但可以慰藉的是，你總不枉在這世界上活了一場……」

即使工資只有三千塊，

也要去旅行

對於一個才畢業不久，月收入剛剛滿足溫飽的人而言，「旅行」明顯是一件奢侈品，可是誰規定賺三千塊的我們不可以去旅行？

沒人。

有錢可以玩高檔，沒錢咱還可以窮遊嘛，起碼看到的風景都是一樣的。

所以這個話題只適用於剛剛畢業、薪水收入不高且無家庭額外補助的……我這類人。

不只一個人問過我這個問題：「你這點工資，扣除房租水電費及一些必要開銷之後，應該就沒剩多少了吧，哪來的閒錢去旅行？」

事實上不是我有閒錢，而是我對自己的金錢有規劃，今日甘願奉獻一些日常理財的方法。當然，前提要先說明，它並不適用於所有人。

一、想盡一切辦法賺錢，取之有道

錢是萬惡之首，但是賺錢絕對是幸福之源！

職業永遠不分貴賤，只要不是違法或違背良心賺來的錢，就絕對可以為此感到自豪。我中學的時候，就懂得利用情人節賣玫瑰花賺錢，雖然結局是慘烈的，但出發點是對的。賺不賺錢是一回事，起碼在我很小的時候，便懂得賺錢的艱辛與不易，對金錢也比同齡的人更有概念，因此不會亂花錢。

高中也曾在小餐館打工過，每個月雖然只有一百塊的收入，但是卻可以把父母每月給的五百塊生活費積攢下來，當然存錢不是目的，目的是為了更有意義的花出去，當時打零工七個月一共存了三千塊錢，考完大學之後進駕校（駕訓班）學開車，便用這三千塊錢交了報名費。

所以，要學會先存錢，再學會花錢，把錢用到正確地方。

早期的資本累積全靠親戚家人給的壓歲錢，後來就是零零碎碎的打工收入，做過很多大家會看不起的工作，比如客服人員、餐廳服務生、發傳單……後來也做過家教，還有一些寫稿的收入，這類兼職可能稍微高級一些，但無論怎樣，也都是一分一毫賺來的血汗錢。

二、學會花錢，用之有道

我大學時期有個朋友，她當時的生活費父母是按月給的（我的是按學期來的，從未發生過少補的事件，往往期末都會有結餘，這是精打細算的好處），她有一個壞習慣，每個月生活費總會超出五百元左右，所以就種下了一個她月末從我這借錢，月初還我錢，月末再借回去這樣一個惡性循環裡。

到後來，月初的時候，我便會讓她在還完錢之後，再在我這多存五百元，當她有需要時再找我拿，我來幫她存這五百塊。

她的生活質量，並沒有因為缺少這五百塊而有所下降，反倒再也沒有出現過需要不停借錢還錢的循環事件。測試之後才發現，她以往常常管不住自己亂買東西的壞習慣，那五百塊錢恰好就是那無用開銷的費用。

有所取捨，買該買的，三思而後行。一件東西，思考三次；第一次想買不要買，第二次還想買，再慎重考慮一下；思考第三次的時候認為非買不可，那就買吧！（奉勸喜歡網購的剁手黨，如果沒有針對性，而只是亂逛時放入購物車的東西，一定不要馬上付款，思考幾次再下手。）

三、不要輕易欠「債」

這個債字，非你所理解的那個債務關係，並不是真的發生了借貸才叫欠債，這個債包括很多方面。例如，你常常參加聚會卻從不請客；你喜歡收禮卻從不還禮；諸如此類的。所以這個債字，應該還包含了感情債，人情債……女生不要覺得男生埋單理所當然，賺得少的也不要以為賺得多的付錢就是應該，那是對自己的貶低，也是欠下的債。這個世界，哪怕是生你養你的父母，也不欠你任何東西，何況是他們？

所以，記得學會感恩，學會回報。人脈會因此累積，人格也會獲得提升。從未累積過「債務」，便永遠不會出現面臨「債務」的壓力。要記得，「債」，就像滾雪球，越滾越多，積到一定的程度，會將人壓垮。想想那些離婚後斤斤計較、大打出手、對簿公堂的例子，夫妻都會如此，何況是別的關係，縱使不說，分道揚鑣的時候，也總會落下個壞名聲。

所謂「吃虧是福」總是有一定道理的，金錢方面也一樣，錢雖花了，但起碼精神輕鬆。

四、合理規劃

沒辦法，錢少做不了額外投資，只能合理規劃。

我只在買電腦的時候用過信用卡，因為當時的錢全壓在別的上面，否則我肯定會付現；還完貸款之後再也沒用過，我自認為現階段不適合用信用卡。刷卡消費會讓人有種不是花自己錢的錯覺，很容易造成衝動行為，雖然很多人告訴我信用卡可以積點，但是還款也會有利息呢！我很討厭欠錢的感覺，即使是欠銀行；也很討厭記還款的日子，雖然會有帳單提醒。對於被害妄想症加強迫症患者的我，目前的情況是還信用卡款項，會讓我身心都感到疲憊。

這種想法可能非常不九零後，但是用信用卡真的需要謹慎。同樣，各種小額貸款的金融產品，一定也要考慮自己現階段的還貸能力再使用，否則影響信用評等便得不償失了。有一句話叫作「莫欺少年窮」，年輕時過點窮苦日子，一點都不算什麼，想要的東西終將會得到，只是時間早晚的問題。因為曾有過「窮」的日子，所以富裕時才更加知道幸福的難能可貴，千萬不要為了一時的歡愉，而透支以後的幸福。

於我而言，我的存款通常會放在三個位置，有一張稿費的銀行卡，每月的千八百塊用於網購；工資卡一張，用於日常生活；支付寶會存有一個固定金額，用於突發狀況。

無論多窮，手裡一定要留一筆錢，以備不時之需。這筆錢的多少如何衡量？我認為，起碼要夠你兩個月的生活費。

五、學會記帳

很多人最大的問題，就是不知道自己的錢花在哪裡，當然也不知道自己哪筆錢花得不值得，所以就要從學會記帳開始。

我現在已經不記帳了，但我心裡基本上都有定數。講到這想起一篇文章，有一對年輕的上海夫妻，記帳之後決定雙雙辭職，在家花老本，這樣一年的總花費和上一年的財政赤字相比，反倒少了許多，因為不出門卻節省了很多額外開支。

當然，我們並不推薦這種做法，年輕人還是應該出去闖蕩，去各個地方看看，因為它和你想像中的樣子很不一樣。

手機的記事本便可以記帳，每一筆清晰入帳，儘量精確，月末的時候可以按照種類進行區分，了解自己的支出取向，從而制定符合自身的金錢規劃，具體操作可參考支付寶的花費扇形統計圖。如果平時習慣使用微信或支付寶進行支付，會更加方便，只需月末時分析一下自己的收支明細即可。

六、健康的重要性

這點放在最後，就是因為它是重中之重。無論存多少錢，一旦得了重大疾病，一點用都沒有，所以不如把風險控制在最小範圍之內。

夏天時患了過敏症，臉部水腫，醫生的診斷結果是「過敏性皮膚炎」，這種皮膚病相較那些內臟器官的病症而言，真的是一個非常小的疾病。但是，花了三千多塊，病也沒治好，如今已有半年之久，依然需要忌口，需要吃藥。不提這個，就說感冒打針，一瓶盤尼西林都得六十多，雖然大家可能都有醫保（醫療保險）吧，可是只要生場大病，那根本就是九牛一毛。

我大學之前體質特別差，我媽每月除了生活費之外，得給我多花上不少的看病錢，現在想想真是不值。

提到健康，肯定離不開運動，現在職場的白領們，身體情況都屬於亞健康狀態，外加辦公室每天上演的宮心計，簡直是身心疲憊，百感交集，這時候難免會生病。

雖然運動的同時我也還是會生病，但是運動確實會讓人身體強壯，抵抗病毒的能力也可增強，起碼患病的頻率會降低。

所以呢，身體乃革命的本錢，要想賺錢啊，還得有個好身體！

關於理財就說到這麼多，我們言歸正傳，說一說：「窮遊」。

受很多惡意廣告的影響，大眾對「窮遊」二字有太多的誤解，在他們的觀念中，窮遊是「搭便車」、「吃白食」、「出賣身體賺路費」、「不知廉恥蹭飯」等，但這些都不叫「窮遊」，而該稱之為「賤遊」。

真正的「窮遊」，是在我們的經濟能力範圍內，花最合理的金錢，以自己最習慣的方式，看和別人一樣的風景。

「窮遊」抑或者是「富遊」，只是選擇的方式不同而已，但最後都落到一個「遊」字上，意思也就是說，至少你「遊」了，和錢多錢少沒有任何的關係。

剛畢業的時候大家都很窮，「窮」只是這一階段普遍存在的狀態而已，外在的貧窮，並不能阻礙我們內心的充實，「行」的真正意義不僅在於向外的觀察，更在於向內的反省。

所以，年輕時一場富足內心的旅行，遠比賺足了錢，卻沒有了年輕時好奇心的旅行有意義得多！

旅行，對一個人外貌的影響有多大？

前一日終於找師傅拆了舊電腦的硬碟，買了外接硬碟，冷落近兩年的舊資料得已重見天日。在E槽的角落裡，發現了這些年旅行時的照片文檔，打開翻看，很多遺忘的記憶就像泉湧，我看著照片又哭又笑。不過四年，沒想到發生過這麼多的故事，沒想到發生了這麼多的改變。

旅行，對一個人的外貌改變究竟會產生多大的影響？不難從我身上就能發現。旅行的四年時間，容貌以及身形變化其實並不是很大，唯一的差別，在於眼神的自信以及微笑的弧度。

我之前對自己的外貌缺乏自信，臉型偏方的緣故，經常被人拿來開玩笑；因為長了虎牙，所以牙齒也不算整齊；而且在北方人中，個子明顯太矮。種種因素導致我一度否定自己的外貌。

現在明顯好多了，倒不是變好看，只是從骨子裡接納了自己的不完美，終於敢露牙齒拍照，敢自信地微笑；即使被人說個子矮，也不會鬱悶很久。這麼看，旅行真是幫了大忙。

旅行，會讓你接受自己的不完美

在E槽的視頻資料夾裡，發現了一段特別珍貴的檔案，拍攝於二零一零年的五月，距離考大學只有一個月的時間。當時的聲音和現在相比變化特別大，最關鍵的原因，在於那時還無法分清平捲舌。

就像很多地方有方言一樣，我的家鄉雖然說的基本都是普通話，但卻無法分清字母中的平舌和捲舌，所有平舌音都會發成捲舌音，就連最簡單的「彼此」二字，可能都會錯發成「bi chi」，為此鬧過不少笑話。不過因為周圍的人都和我差不多，所以在念大學之前，我從不認為這有什麼問題。

一切都是從「咬文嚼字」開始矯正自己的發音，但直到現在偶爾還是會發錯音，不過不會像以前那般惱火了，一笑帶過，大不了下次再改。從北到南，其實每個城市都有自己的語言特色，又何必要求統一？有一次坐火車，對面坐了一家三口重慶人，那個小孩好像蠻喜歡我，可惜我倆溝通有障礙，但他只要對我笑，我就知道這是在對我表示友好。

有些事情其實不必認真，接受自己的不完美，才會變成更好的自己。

旅行會讓你變得更自信

有句話說：「你現在的氣質裡，藏著你走過的路，讀過的書和愛過的人。」

在沒旅行之前，我看了十餘年的課外書，對於一個小鎮姑娘，我的三觀大多數來自於我所讀的那些書，在書裡我走過了無數個古鎮，穿梭過無數個國家，不過所有一切都是相對抽象的，很多的東西只在我的想像世界之中。歸根到底，我還是那個小鎮姑娘，那個膽小、怯弱，內心有無限熱情卻羞於表達的人。

印象特別深的，就是大學的英語課，每次對話考試之前，整夜都會睡不好覺，準備的再充分，都沒有能順利過關的自信，因為不擅長又發音不準，諸多因素導致了我對它的恐懼。現在英語依然很差，但是至少在表達上不會再面露難色。

在成都的青年旅店，遇到了一個日本大叔，我們兩個英語都不是很好，最後用身體語言加上蹩腳的英語，也互相聊得不錯。

始終記得范湉湉在《奇葩說》裡面的那句至理名言：「上啊，幹嘛要壓抑自己的天性？」

所以，旅行不僅是一個人見世面的過程，也是一個讓你不斷成長與自信的過程，所有的不可能，都是在嘗試之後變成有可能。幹嘛要壓抑自己的天性，上吧！

旅行，會讓你變得更勇敢

其實我在旅行之前也蠻勇敢的，做了很多讓人「意想不到」的事，但當時也有不勇敢的地方，譬如走夜路。

我有很嚴重的夜盲，為此抗拒夜晚出門。但旅行就是要求你不斷地克服困難，讓不可能變成有可能，戰勝自己的膽小與怯弱。經歷過數次的午夜航班，經歷過凌晨趕搭的漁船，如今走夜路什麼的根本不在話下。

在漠河的那次，手機是全天沒什麼訊號；在鄭州的時候，還經歷過夜晚露宿街頭的窘境，當所有這些以前想都不敢想的事情，順其自然發生在生命中的時候，戰勝它的人自然變成了勇士。

當我迎接著清晨的第一道陽光，從蕭山機場降落時，當我看到海上的日出時，當我在十月份便看到了雪景時，當我想辦法解決了難題時，不知不覺間，我便從一個膽小鬼變成了一個勇敢的人。

從此心中便升起了一個叫作「勇敢」的小太陽，再也不懼怕黑暗。

旅行，會讓你變得有見解，影響你的價值觀

曾經很多文青念著海子的詩逃離北上廣（北京、上海、廣州），跑去大理，開民宿，當流浪歌手，過著看似讓人豔羡的生活。

說實話，當初去大理，也曾受這樣的文章蠱惑過，但到了那裡才發現，現實根本就是另外的樣子。洱海的環境變差不說，就說那些帶著夢想與背包奔赴這裡的年輕人，生活其實並不容易。城管治安越來越嚴格，很多擺地攤的地方被取締，青年旅店的長住客月租也需千八百塊，但平均薪資卻只有兩三千塊。而且那裡的日子，真的過得很「懶散悠閒」，清晨從中午才開始，感覺曬曬太陽一天就過去了，那些曾經羡慕的、仰慕的藝術家，脫去了神秘之後，似乎也不自大了，甚至覺得他們有些「不務正業」。

從此以後，當別人再次鼓吹當文青有多好的時候，我只會點點頭微笑不語，究竟好不好，只有當事人才知道，我還是繼續這種邊工作邊旅行的狀態就好。

我的旅行被稱之為「窮遊」，很多噴子抨擊這樣的窮遊，沒住到好的旅店，沒吃到好吃的東西。沒有舒適，只有奔波；沒有豪華的包車，只有長久陪伴的「十一路」。這樣的窮遊究竟有什麼意義？

其實坐在車上的人，並不會注意到路邊綻放的野花，而我偏偏就是那種，即使只見到了野花，也會欣喜上半天的人。我的生活態度，不在於有多舒適，有多豪華，而是在於我看到了什麼，又親自感受到了什麼。

詹宏志在《旅行與讀書》一書中寫了如下一段話：「旅行裡讓我留下深刻印記的經驗，往往發生在最無目的的時候與場所，樹下小酒館的一杯沁涼白酒，迷路崎嶇城區偶遇的小麵包店，異國鄉間等待公車窺見的鄉民日常生活景致，這些無意間得來的吉光片羽，反倒成了日後反覆咀嚼的旅行滋味。」

這也是我想表達的東西，去陌生的城市，感受當地人的生活。跳出地域的限制，也會迸發出新的想法來，你會有全新的眼光來看待這個世界，看待那些你曾經似懂非懂的道理。

旅行，會影響你的氣質

看到這個世界的不同，內心變得更加包容；經歷過旅途中的磨難，處事變得更加從容。諸多內在氣質的改變過後，外在氣質又怎麼會不被改變？

生活永遠不是數學題，並非一道題只有唯一正確的答案。我很不喜歡那種為了論證自己言論正確，而反覆舉證的雞湯故事。

旅行，對我而言有很大的影響，但並不能因此而代表所有人。能夠改變一個人氣質的東西其實有很多，讀書、運動、音樂、DIY等等。說到底，生活會善待每一個積極向上的人，只要你能做個熱愛生活的人，你就會成為更好的自己！不是嗎？

浪跡天涯很勇敢，

朝九晚五也很酷

做了遊記分享的緣故，經常會有讀者私訊我關於旅行方面的話題，總結起來無非就兩個問題：「你做什麼的呀？怎麼這麼清閒？」「我也想出去看看世界，但總有一些不得已。」

第一個問題說明：大家普遍性地認為，朝九晚五的生活和旅行這件瀟灑的事情並不搭嘎。

第二個問題說明：大多數人都會把想做的事情，停留在前半部分，也就是想的部分上。

我不過二十幾歲，自認為還未能形成健全又完整的價值觀，唯一能為大家做的，只是把我的想法分享出來。下面的故事可能會有些長，概括地來說也是兩點，算是對上面兩個問題的回答。為什麼要朝九晚五？又為什麼要浪跡天涯？

一、為什麼要朝九晚五？

我其實和你們一樣，一點也不喜歡朝

九晚五的生活，甚至不喜歡城市的喧囂、擁擠、車水馬龍，我理想中的世界，和每個文藝青年所幻想的一樣，在郊外有間房子，不必很大，溫馨就好。可以種花、種草，再種些瓜果梨桃；養隻溫馴的狗狗，一隻懶惰的貓咪，所有的日子都伴著陽光、花香與書的氣息。

但生活哪有那麼多的詩情畫意？

我嘗試過那種我嚮往的所謂「自由」生活，但待業在家的那兩個月裡，不但沒感覺到所謂的「自由」，反而喪失了一定的「自由」，這個自由不僅包括了財務，也包括了「人身」。

你肯定會疑問，為什麼會這樣？

因為沒錢啊。

哎，錢呢，真的是個俗氣的東西，可是當你需要它的時候，它就會變得無比高尚。斷了收入所謂的「自由」日子裡，每天只顧算計著怎麼省錢，不太敢出門，更不能奢望去旅行，最可怕的事情是，「與世隔絕」的日子裡，寫作靈感也像枯竭的泉眼一般，本就不多的兼職稿費變得更加可憐，煩躁的心情也越加無法安寧。

本是可以睡懶覺的日子，卻總會莫名其妙地清醒；原本以為的自由，卻成了無形的壓力。以我的經驗來看，年輕人理想中的自由，也需要一定的實力，或者家境殷實，或者心寬體胖，或者有足夠支撐自由的實力……

以上三點我都不符合，這也是我再次選擇職場的根本原因。

我特別認可那句話：「越忙的時候越有時間享受生活。」

裡面所提及的「時間」，其實並不是廣泛意義上的時間，這裡可能又涉及時間管理的問題了，但人有的時候就是這麼奇怪，忙碌時才有規劃，有目標，做事才更加有效率，生活似乎也充實了不少。

朝九晚五與旅行其實並不相違背，哲學裡都在說「經濟基礎決定上層建築」，正因為我有了旅行的目標，工作才變得越有動力。

其實，你們都猜錯了，我的工作並不清閒，而且每周單休；為了可以多賺些錢，私下又接了很多約稿。很可能你們睡覺的時候我還在工作，也很可能你們吃完午飯的時候，我還來不及吃早餐……

這麼辛苦的意義在哪裡？也許只是一張機票、也許是媽媽的一件嶄新外套、也許是我幻想許久的某某產品全套……更關鍵的是，當我不為生活所迫的時候，才能夠真正不帶任何功利心，去寫我真心喜歡的文字，去感受那真正覺得溫暖的驕陽。

二、為什麼要旅行？

更準確的來說，應該叫作為什麼要去外面走走？

過年的時候，被人拉進了一個中學同學的微信群中，裡面都是一群既熟悉又陌生的當年同窗舊友，他們聊著過去時的想當年，現在時的薪水待遇，未來時的家庭孩子，眨眼間就從青澀懵懂的孩提時代，轉換成俗不可耐的成人世界。感覺已不再屬於同一個世界的人，便默默地退出了群組……

退出後沒幾天，便見到了我五六年未見的兒時玩伴。上一次見面時她的婚期還未定，再次相見時，她卻已經是個三四歲孩子的媽媽。去她家之前我緊張了好久，不知道久違的相見，會是怎樣一幅畫面？

那是一次很愉快的會面。因為嫁到了南方的緣故，這些年她也經常奔波於好幾個城市之間，眼界明顯變寬了不少，她暢談某地的飲食習慣，又講起了哪裡的小吃比較道地。最讓人驚訝的是她的女兒，我一進門，她大喊一聲「阿姨」便撲了過來……見過世面的孩子，沒有絲毫的靦腆與扭捏。自己喜歡吃的東西也願意拿出來分享……

去外面的世界走走，見識很多不一樣的人，不一樣的風景。世界給予你足夠美好的時候，你也會願意以愛來回報。那些家長裡短，雞毛蒜皮，與這個世界相比根本不值得一提。

其實我們都過了快速交心的年紀，當你足夠了解這個世界的時候，也許才能夠真正學會如何為這個世界，為別人留有餘地與善意！

三、朝九晚五和浪跡天涯哪個更酷？

我覺得那些既能肆意暢快地玩，也能拚命努力工作的人才比較酷。

大冰在《阿彌陀佛麼麼噠》中寫道：專一心思地朝九晚五去上班，買了車買了房又如何？專一心思地辭職休學去流浪，到了南極北極又如何？真正令人佩服的人生，應該是：既可以朝九晚五，又能夠浪跡天涯。

不要把旅行的夢想束之高閣，也不要認為每天的三點一線（形容生活規律性，如宿舍－公司－餐廳三個點連成生活線，周而復始）毫無意義，只願在揮灑熱血的年紀，可以毫無保留的努力，這才是活著最大的意義。

來，乾了這杯酒，我們一起加油！

這個世界，和想像中不太一樣

未曾旅行之前，我對書中描述的場景，電視上所呈現的畫面，一度深信不疑，只不過認為別人用文字、用眼睛幫我們先講述了一遍而已。可能加了修辭、誇張、比喻等描寫手法，但絕不可能與現實背道而馳。

但是，當我真正走出去之後才發覺，原來這個世界，和我想像中的樣子不太一樣。

當初為什麼會突然產生要去漠河的想法呢？我想或許是因為在朋友圈裡，看到了漠河馴鹿的照片吧。對馴鹿的期待，遠遠超過了聖誕節禮物，那麼可愛的動物，如此令人著迷，一定要親眼去看看不可。

但是，現實卻給人狠狠地重擊。

我們去的時候，整個馴鹿園裡的二三十隻馴鹿中，只有一隻身體健全，其他的不是被鋸了鹿角，就是被挑破蹄筋。鹿茸營養價值的標牌，把整個鹿園存在的真正目的，毫無保留地顯示出來，明著要收取遊客的門票，順帶還要賣牠的角，牠的毛皮。

百度搜索了「馴鹿」一詞，上面明確地標有「國家三級保護動物」字樣，而在幾乎與世隔絕的國內最北端，人類卻在用最殘忍的方式，明目張膽地殘害牠們。

牠們似乎很畏懼人類，孩子輕撫牠的皮毛，牠都寧願撐起殘疾的腿，一瘸一拐地走得老遠。那一側，年輕的女孩嘴裡喊著：「人類真可怕」，腳上卻毫不遲緩地追著那唯一體態健全的馴鹿，抓到牠之後便幸福地笑啊，對著鏡頭比著YA，這種幸福是建立在牠的悲傷之上的。

想來人類還真是很可怕。

最近又有朋友去了漠河，照片中又出現了那隻憨態可掬的馴鹿，但只有我知道，所有都是假的，那只不過是被我們人類包裝之後的虛假美好而已。

不知道那些看似美好的照片，又會騙去多少遊客？

在成都，我在文殊院的門口拍了一張照片。

畫面中，一側是嚴禁職業乞討的警示牌，另一側便是成排的乞討者。有帶著孩子的，有殘疾的，和警示牌上描述的基本一致。暫且不說這些人，到底是不是真正的乞討者，但起碼他們都很心機。

禮佛的人大概都知道，寺院的香燭基本都是免費的，只不過會在佛祖神像前放上功德箱，少到幾十，多到幾百上千，很多人認為捐獻得越多，夢想成真的機率便越大。

而他們就待在寺院的門口，也許很多人都能猜到他們是假的，但還是願意掏錢相助，在佛祖的眼皮底下「積善行德」。不知為何，突然會想到「周瑜打黃蓋」、「姜太公釣魚」，大家一方面抨擊職業乞丐，一方面又供養他們的生活惰性。這個世界需要幫助的人實在太多，而職業乞討者卻利用了人們所謂的愛心，消磨了大家所謂的信任；最讓人惱火的是，他們會讓那些真正需要被幫助的人深陷窘境，也讓那些真正想施恩的人辨不清真假。

信仰蒙蔽了你的雙眼。

這個社會留有太多仁慈，又留有太多詬病，難以辨別真假的乞討者們，我真願長夜噩夢讓之悔恨清醒。

文殊院和別的寺院不同，它不收門票，但是裡面賣鮮花，換了一種形式經營；裡面有烏龜放生池，所以門口便有人拎著成網的烏龜售賣。

你可知，連這樣神聖的地方都開始商業化了？

在大理，我第一次吃齋飯。

那天大理的天氣不太好，前幾日同行的小夥伴，一早也背著行囊回家了，幾天的疲乏一起湧來，起床的時候已接近中午，義工小喵說隔壁的台灣姊姊，要帶我們去吃免費的午飯，簡單收拾了一下便和她一起出門。

福安巷離南門的直線距離其實很近，但是有些巷子是死胡同，只能順著人民路繞遠過去，接近南門城樓的時候，心裡便大概猜到了餐食的地方，幾日之前，有朋友和我提到過慈緣齋的免費午餐一事。一來不喜素，二來聽說有很多的規矩，包括不允許大聲說話，衣著不可以太暴露，不可以穿拖鞋之類的，否則會被拒之門外。

之前看《爸爸去哪兒》的時候，看到過類似的場面，感覺很好奇，所以還是抱著嘗鮮的態度，去吃這頓「免費」的齋飯。

十一點半，慈緣齋門口的隊伍已經排得頗長，隊伍裡的人很雜，有一些本地人，當然更多都是來旅遊的人，職業身分也很多樣，單憑穿著沒辦法完全判斷。

天下沒有「免費」的午餐，我認為這句話說得非常有道理。所以這頓午飯雖然「免費」，但其實並沒有那麼「好吃」。

不好吃並非指食物的味道，素食大概味道都這樣，說實話這家提供的飯菜樣式很多，還會根據不同地方的口味，做成了辣味和正常口味，上面都有標籤提醒；主食類既有南方人喜歡吃的米飯，也有北方人喜歡的饅頭粗糧，聽說這家慈緣齋供應這種免費午餐，已有兩年之久，這樣的善行能夠一直堅持下去，實屬不易。

聽說好人會有福報的，所以真心要給他們按個讚。

但……

人生有一次這樣的經驗就夠了。

都說：「拿人手短，吃人嘴軟」，我明明吃了人家一頓免費午餐，再說以下言論可能太過「忘恩負義」，可是真心覺得某些點，讓人無法理解與苟同。

「吃多少盛多少」，這是吃齋飯的基本要求，餐食之後不僅需要清光盤面，還需用饅頭將盤底的油與碎末沾食乾淨，這些在電視上都看過，雖然不是很能接受，而且當時也有些反胃，但依然照做，擦盤之後還得用壺裡的「惜福水」涮盤，然後將涮盤水全部喝下去。

整頓飯下來，整個人都不舒服，但或許所有的齋飯都有此類要求，所以我理解。

可是重點不在於這，而在於它電視上播放的內容。

用餐時不可講話，整個餐廳裡唯一可以聽到的聲音，便是來自於那幾台內容一樣的電視機，裡面所講的東西讓人跌破眼鏡，它在潛移默化地影響用餐人的價值判斷，完全屬於道德綁架。

我不知道這些用詞是否正確，我只將它上面的內容複述下來，公道自在人心，你們可以自己判斷。

它說：「人類不如畜生，甚至連魔鬼都不如。」

它說：「吃肉是對動物的一種殘害，人類應該吃素，吃素有助於減少二氧化碳的排放！」

這是什麼鬼？

名義上打著慈善免費午餐的旗號，實則利用極端的方式「倡導」大家吃素，一個不知道研究什麼學的教授，在那大聲地鼓吹一定要吃素，這樣才能做回比畜生更高級的人類……

這樣的經歷還有很多，當你真正碰到之後，便會發現：世界並不是你想像中的樣子。

如果不曾旅行，不知道會對這個世界有多少的誤解。

雖然真實的世界不見得美好，但至少它展現了真實。

如果不曾旅行，不知道將用怎樣狹隘的眼光看待這個世界。

雖然，某些糟糕的事情無法被原諒，但至少我們學會了如何去包容。

如果不曾旅行，世界只活在你的想像之中。

但當我們真的走出去的那一刻，世界，就在我們的腳下。

第六章

不是沒他不行，只是有他更好

不是沒他不行，

只是有他更好

最近做了一件大事，就是把所有社交帳號的個人資料欄裡，都加上了「待嫁中」三個字，此行為就像急於求偶的孔雀開屏了一樣。

但是，實在太不矜持……

「年紀不小了，趕緊找個對象」的話語一出，你我肯定心領神會，這就是「年」的味道。

今年，你有和我一樣被催婚嗎？起碼我有。

王女士過年時，做了一件讓人哭笑不得的事情。經過是這樣的：鄰居家有個弟弟，恰巧和我在同一個城市，某天她突然感慨：「找對象就得找個知根知底的才靠譜。」此想法一出，嚇我一跳。

可不，大年初一人家來拜年的時候，她就特別熱情地和對方誇我，向他展示我拍的照片，說我多麼懂事、多麼體貼，完完全全撮合對象的口吻。

當時心裡真是一萬隻烏鴉飛過，幸好對方不明白她的企圖，要不真就尷尬了。

末了還非得讓彼此加了微信。

那會兒我算是明白地知道了，我媽為這事是真著急啦。

這種莫名其妙被相親的經歷真的好多次了，感覺全世界都為我的終身大事操碎了心。

大四，第一次。

老媽說藉著我小弟表演的機會，去看看那個教笛子的老師怎麼樣？還沒和對方提這事，只是去看看。所以我就傻傻地去了。

那時候是真傻，當那個胖胖的老師，特地抽空拿礦泉水給我的時候，我瞬間明白他其實是知道事實的，否則他不會忽略那麼多的家長，偏偏幫我送瓶水。

果然，前腳回到家，對方的電話就打了過來，說家長算了兩人八字不合，沒辦法相處，因為家裡比較信這個，所以……

在我還不知道自己是去相親的時候，就這樣莫名其妙地被「甩」了。

雖然韓劇經常上演一見鍾情的橋段，但可悲的現實是，兩個完全陌生的人，強硬地撮合到一起，靠那至多三五分鐘的對看達到心靈相通，怎麼可能啊？

還有好幾次這樣的事情。例如出差路上被人拉著去相親；又如相親對象說他還沒有忘記前女友，目前不打算談戀愛……這樣的經歷，每次想起都覺得臉紅又難堪，可是如果有人願意幫我介紹，我還是會無條件地答應相親。

為什麼明明知道毫無結果，還願意去接受難堪？

為了那百分之零點零一的可能性！因為如果不去相親，戀愛的可能性只能為零。

世界上就是有那麼一種人，不去酒吧，不逛夜店，不愛聚會，甚至不逛街。日子單純得只有兩點一線，家—公司，公司—家。

這種一下班便急著回家的人，肯定沒對象！

沒有交際，不代表沒有生活，她們喜歡利用業餘時間，去做自己喜歡的事情。有的練就一手好廚藝；有的熱愛寵物與編織，將家裡布置得舒適又文藝；有的報了舞蹈班，有的報了吉他社；有的甚至利用業餘興趣成功逆襲。

這個浮躁的時代，這樣的單身比比皆是，所以才會有這麼一句調侃，「有趣的人都單身」。

是真的想要單身？還是因為自己過得太好，而不願意找個人湊合？

我想，後者更多一些吧！

過年的時候，又陪著閨蜜去相了次親，這比我之前的相親方式又升了一級，也是最傳統的那種方式。雙方對比了家庭條件、職業、身高、收入等諸多因素之後，確定好匹配值，一切合適之後才選擇見面。

當然結果依然是悲壯的。

因為彼此要找的是伴侶，不是匹配值，螺釘到底配不配螺帽？也許只有鎖上才知道。當然，這些都不是見一面就能解決的問題。

因為諸如此類的理由，越來越多的年輕人也開始拒絕相親了，覺得浪費時間不討好，而且還深受打擊。

原本交際範圍就小的單身族群，更是因此斷了認識異性的唯一途徑，深陷單身大潮的泥淖之中。

為什麼別人可以談戀愛，而我們卻不可以？我思考了這個問題許久。

我的好友L，至今已單身三年之久，她之所以不再戀愛，是因為上一段感情，對她造成了太大的傷害，她不敢再輕易地開始下一段，說到底，就是害怕再被傷害。

另一位好友談過一段「同城異地戀」，兩人經朋友認識，雖沒有感情基礎，但考慮到是朋友介紹，便草率在一起了。雖然兩人名義上是情侶，但實際上只是偶爾聊聊微信，偶爾見面吃頓飯，感情一直平平淡淡。

說喜歡吧，算不上；說討厭吧，也不是。但已經習慣了單身的彼此，就是誰都不願意太過主動一點，後來慢慢聯繫也就淡了，分手的時候，也只不過一句輕描淡寫的：「我們分手吧！」另一個人回：「嗯。」

想到《越洋情書》中波伏娃寫給情人尼爾森・艾格林的那句話：「我渴望能見你一面，但請你記得，我不會開口要求見你。這不是因為驕傲，你不知道我在你面前毫無驕傲可言，而是因為，唯有你也想見我的時候，我們見面才有意義。」

通常的情況下，我們習慣矜持，不是不想進一步了解對方，只是我們更希望別人先邁開第一步。簡言之，就是在愛別人的基礎上，我們更愛自己。

還有如我一般的人，單身的時間久到幾乎占據了整個生命，真的太久了，以至於懷疑自己是否還有去愛一個人的能力。

有一天，我在大街上遇到一個不久前，還在對我表示好感的男孩，他和身邊的女伴有說有笑地從我面前走過，完全沒有注意到我的存在……就好像幾天前對我示好的那個人不是他一般。

知道那瞬間我是什麼感覺嗎？

並不是難過，而是長舒一口氣，慶幸自己當初拒絕了他的「好」意。

但從我朋友身上，不難發現，這便是絕大多數男生們的戀愛方式。

他們很容易動情，也很容易忘情。

大多數男人如此。

我們有過太多這樣的教訓，所以如果某天，一個男人突然闖到我們生活中，表現出好感的話，第一件能想到的事情，絕對不是期待而是逃跑吧。

我們明明那麼嚮往愛情，可是我們又那麼懼怕愛情。

或許，這都是單身久了的後遺症吧！

是的，單身是會有後遺症的。譬如雌雄同體，不會撒嬌，能自己做的事情絕不麻煩別人，不願意交際，越來越挑剔……逐條列舉下來就成了一個惡性循環，寧願自己愛自己。

你的心情我都懂。

或許我們把自己照顧得太好了吧，以至於沉迷在有沒有那個他，都可以活得很好的虛擬快樂之中。

但要知道，為什麼我們需要愛情？不是沒他不行，只是有他更好。一個人也許過得很快樂，但如果有他來分享這份快樂，那便是幸福。當你因工作上的進步感到開心，因喝到一杯美味的飲料而雀躍，或者因丟失了某件喜歡的東西而難過，這些情緒不再是你一個人消化，而是有另一個人和你一起分享，這種感覺是不是很幸福？

愛情不是捉迷藏，並不是藏得越好的那個人，越容易獲得快樂。

緣分這東西，說來很怪，你不知道它會在生命中的哪一瞬間出現，所以才會顯得如此神秘。

神秘最大的意義，就在於它將給你帶來驚喜。

我知道，你即使單身也會過得很好，但也請不要拒絕愛神的降臨。

如果我們一輩子單身

五月，R來我家寄宿，我們又像從前一樣，關了燈擠在同一張床上聊家常，那一晚她看起來很興奮。家姐發微信給她，介紹相親對象的喜好，末了特地補充了一句：「對方特別愛乾淨，見面的時候你也要乾乾淨淨的，往他喜歡的那方面打扮一下……」

我反問她：「為什麼要往對方的喜好方面打扮？為什麼不能做自己？這樣迎合對方的接觸有意思嗎？」

但我很快便否定了自己的想法，想到熱門戲劇《歡樂頌》裡的曲筱綃和趙醫師，甚至想到了《白蛇傳》裡的白素貞與許仙……

我雙手撐著頭瞪著黑暗裡的天花板，儘量理智且不帶任何個人想法地替她考慮，然後便否定了自己剛剛的說法。愛情開始之前，總得有一個人率先「耍流氓」，這裡面或多或少就有虛假的自己，以及故意的迎合，如果連這個都沒有，又哪裡還有開始？

「是嗎？」她只是半信半疑地回我，說不定心裡已經有了答案。

那一刻，我也找到了捫心自問許久的一個答案，我為什麼會單身？

M發微信跟我探討這件事情，循序漸進地盤問：「你是不是表現得很冷淡，讓對方覺得你對他沒有興趣？」

我誠實地回答：「就是沒有興趣！」

L不只一次找我長談，對我的性格總結了一句話：「你太固執了。」

小A質問我：「你這麼慢熱，別人都無法了解你，又怎麼可能喜歡你？」

生活好像一齣舞台劇，愛情篇章裡，我太沒演技。我沒辦法試著熱情，試著迎合，試著找話題，那不是我……

所以，我就知道了，像我這種人，註定要單身，還要很久很久。

有一段日子過得很糟糕，極其厭惡自己，做了很多看起來可以讓自己開心的事情，可是都沒辦法解救我內心的孤獨與恐懼。那階段我看了很多的懸疑小說，沒錯，是懸疑，不是言情，我從不喜歡看言情，不喜歡看別人幸福卻與自己無關，不喜歡故事到了結局，自己徒有一場空歡喜。那階段整夜的噩夢，換了純黑的床單四件套，買了很多水果等到爛掉再扔掉，用力搓洗鍋裡下麵的糊渣，一盤菜第三天的時候已經餿掉，發了很長很長的微博再快速地刪掉……

那是一個特別陌生的自己，也是一個特別令人討厭的自己。多年的獨居生活，已經讓我養成自我修復的能力，一個字「熬」就可以，所以那階段文章寫得很少，因為我在「養傷」，別人治不好也看不到的傷。

那天，我去藥局買善存，店員熱情地幫我介紹各種保健品的功效，她說：「看你臉色不好，該補補氣血方面，否則以後懷孕就糟了。」我苦笑著，然後找理由落荒而逃。

那晚我吃了很多東西，也想了很多。我就在想啊，如果要單身一輩子，都是今天這種狀態，該怎麼辦呀？

我決定要改變，從愛自己開始，可是如果真的要單身一輩子，我該做些什麼呢？

第一件想到的事情有點俗氣，賺錢。

有時候你想要的東西，愛情不一定可以給你，但是錢可以。有了物質激勵，人生好像又有了鮮活的意義。但我沒什麼經商的頭腦，就連寫作也都是不慍不火，想當作家更是天方夜譚，如此反覆，好像又回到了一個惡性循環裡面。

那天，L Boss發給我五千塊大紅包，說是補發的工資，但我知道這不是我該拿的那份，雖然那時我很缺錢，因為前一個月媽媽住院時，才剛剛交了一季的房租。

錢雖是好東西，但幸好我的世界裡，還有更重要的東西。

那階段我寫了很多思考現實的文章，我在想「錢」究竟意義何在？最後得到了一個結論，只有沒錢的時候錢才最有意義，比如沒錢治病、沒錢吃飯……

由此，我又想到了第二件事情：鍛鍊身體，不生病。

我並不是一個對錢有太多野心的人，我屬於目標導向型，不靠金錢驅使做事，而是想做什麼事就努力去賺錢實現它，也很「小農思想」，真正開始感慨金錢重要，完全是因為之前媽媽入院。「花錢如流水」五個字全表現在那個點滴的袋子裡。

既然我沒錢，那就不生病吧！我是這樣想的。我開始試著早睡，試著持續泡腳，試著每日步行，試著周末爬山……

做了這些事情之後，又有了另外的連鎖反應。

清晨的陽光不刺眼又很溫暖，學生們因搶一袋零食，就能笑到一百二十分貝，金毛竟然被剃成了禿子，又遇到了我的同學，但我依然想不起她的名字……

細心觀察這個世界之後，我想到了第三件事：愛自己。

我開始正視這個城市，也開始正視我自己。

試著把黏在鍋底的米飯煮成粥喝；買了炒鍋只炒夠一個人吃的菜；買半斤的水果全部吃掉；想吃洋芋片就吃，然後再努力減肥；睡前不再看懸疑小說，而開始聽喜馬拉雅的有聲故事；對著牆壁有聲地朗讀，看書的時候用力思考，練琴的時候彈到手指僵掉……

這才是一個人生活該有的狀態啊！哪怕一個人，也努力活得很好……

回家時，老媽跟我抱怨：「即使我不著急，但有人替你著急啊，你都這麼大了不找對象，你不知道親戚們會怎麼說，鄰居們會怎麼想……」

我可能很久都無法解決父母的面子問題，我只能解決自己的裡子問題。

如果還要單身很久該怎麼辦？如果這個期限是一輩子又怎麼辦？

這個問題太深奧，暫時我還無法回答你。

不過呢，我又開始養存活時間夠久的勿忘我了，買比酒貴的杯子，比裙子貴的睡衣，我只知道自己舒適才最重要，別的，管他呢。

活著又不是為了找對象的！

如果碰到愛就用力去愛，如果沒碰到，就用力愛自己，這樣我們才不枉活過一場。

放棄一個喜歡很久的人是什麼感覺？

L失戀那會兒，著實是折騰了好一陣子，他說自己沒辦法一個人獨處，便每天找身旁好友吃喝玩樂、虛度光陰，我不知道自己是第幾波受邀的好友，反正他說請客吃飯我便去了。他看起來除了憔悴一些，其實和平時沒什麼不同，只是無論我們聊什麼話題，他都會扯到已分手的女朋友身上，反反覆覆，說到你心煩意亂。

那晚，我們幾個陪他在KTV唱歌，他卻自己一個人霸占麥克風唱了許久，唱到喉嚨嘶啞，一臉滄桑。

這樣的狀態他持續了很久，失戀彷彿把一個人都弄頹廢了。

我問他：「不就是失戀，何必呢？」

他苦笑著回：「你又沒戀愛過，你不懂！」

可能我的語言確實刺激了他。

誰說沒戀愛過的人就不會失戀呢？

比如我的好朋友X。

X深夜私訊我，一開口便是：「我失戀了。」

看到訊息的我都驚呆了，連續回了好幾個問號：「你先告訴我你什麼時候戀愛的？」她迅速回了個痛苦欲絕的表情，說：「我喜歡的人原來已經有女朋友了。」

一瞬間恍然大悟，原來是一段還沒開始，便已經宣告結束的暗戀。

R的第N次相親，終於遇到了心儀的P先生，這一次或許真的心動了吧，所以才會拋掉女性的自尊與驕傲，主動約對方吃飯看電影，P先生欣然接受，時常還會主動與其聊天。

R以為兩人會有進一步的發展，但P先生卻先一步表明態度，理由不是不喜歡，不是不適合，而是一個冠冕堂皇到令人發笑的藉口——「我考慮去外地發展，不想耽誤你的未來。」

一起的現在都沒有，哪來的未來？R再天真，也看懂他拒絕的決然。

原本準備迎接的愛情，就這樣夭折了。

那一刻才從夢中清醒過來，原來那些深夜的聊天，同桌而坐的笑臉，都不過是避免道別這一刻的難堪。

後來他們都怎麼樣了？

L終於走出失戀陰影，但是兩年了，他沒有再談戀愛；X剪短了留了很多年的長髮，隱藏起自己的小心思，從此陌路天涯；R呢，她把所有的過錯怪罪到自己的身材上面，開始拚命地跑步、賣命地減肥……

喜歡一個人，也許只需要一秒鐘，而選擇放棄一個人，卻需要很長時間。

後來可能連他們自己，都忘了決定放棄的瞬間，是什麼樣的契機與場景，但放棄一個人的感覺，卻總是刻骨銘心。

四月份，《民謠在路上，大連站》的演唱會，我去了現場。第一次知道民謠歌手陳碩，那天他演唱了他的代表作《當我要走的時候》，大冰在報幕時講述了這首歌的創作背景。

原來陳碩交往了很多年的女朋友，最後卻嫁給了別人，所以這首歌其實是唱給前女友的，更是寫給失戀的人。

「就讓這時光別停留，就讓這姑娘別回頭，就讓這昨夜醉酒的人吶，不再淚流。」

想對那個姑娘說的話，已經沒法當面對她說，只能以這樣的方式唱給她聽，聽歌的人也許聽出了裡面的故事，但唱歌的人唱的，卻是他正經歷的心酸。

有些時候，我們選擇放棄一個人，也許不是因為不愛了，因為現實不是只有愛與不愛兩個選項的選擇題，太多的因素制約了我們的選擇，阻礙了兩個人走到一起的可能性。

最心酸的放棄，也許就是我愛你，但也只能到這裡了。

不由得想到那首歌曲。

「為你我用了半年的積蓄，漂洋過海地來看你……」

兩句歌詞，你是否也猜出了它的名字？

沒錯，娃娃原唱的《漂洋過海來看你》。

當年這首歌的歌詞，是李宗盛在牛肉麵店的餐巾紙上完成的，而歌詞裡面的故事也是真實存在的。

王家衛執導的《一代宗師》裡面，宮二對葉問說：「我在最好的時候碰到你，是我的運氣，可惜我沒時間了。想想，說人生無悔，都是賭氣的話。人生若無悔，那該多無趣啊。我心裡有過你，但我也只能到喜歡為止了。」

即使相愛卻不得善終，未能戰勝現實攜手並肩，單戀之苦抑或世俗原因，這世上會有諸多理由，讓你不得不放棄那個你很喜歡的人。有人從此頹唐，有人用音樂來表達哀傷，有人逐漸走出陰影重獲幸福，有人發憤圖強，變成了你從此無法企及的高牆……

決定不再愛一個人之後，千個人有千種做法，無論哪一種，都已和他/她無關。瀟灑的人擁有愛得起放得下的能力，癡情的人可以執著但別傷了自己。

其實喜歡一個人，並不是一件丟臉的事情，之所以要克制自己選擇放棄，無疑只是因為結局未果。

說到底，我們還是更喜歡自己。

「那一天，天氣很好，我拍了一張藍天的照片，第一時間就想分享給你，那一刻我想完了，我好像喜歡上你了……」

「這一天，天氣也很好，我沒有拍藍天的照片，而是對著鏡頭比了個V，告訴自己，從今以後你要好好愛自己！」

放棄一個喜歡很久的人，究竟是什麼感覺？

或許，有點如釋重負，又有點悵然若失吧！

幸虧心裡沒了你，終於可以再裝點別的東西了。

談物質的愛情，

一點都不落俗套

N某天發了條狀態，她分手了，很波瀾不驚地一句感慨，沒人知道背後發生過怎樣的起起伏伏，才能熬成今日的風平浪靜？

但是作為曾經的好友，其實我有在心底暗暗地鬆口氣，幸好，最後她離開了那個男人。

我對她的愛情、對她的男友並不是很了解，我們只在多年前的某個夜裡，探討過這件事情，那時她送了我畢業禮物，從此以後便兩地相隔，甚少聯繫。

依稀記得的是那個男人比她大五六歲，當年已經過了而立之年；她白天上班晚上還要去夜市擺攤；聊天的語氣沒了之前的陽光開朗，滿是對生活的焦慮憂傷……

她家境原本很好，即使不是什麼富裕人家的大小姐，但也是父母手心暖大的寶貝，哪裡像如今生活的這般辛苦過？可想而知，能夠做到這種地步，愛情的力量的確偉大。

那時，我還是個心直口快又單純的女

大學生，很少會考慮到別人的感受，便很直白地問她，既然這麼辛苦，為什麼還要和他在一起？

如果她回答的是愛，那麼我會鼓勵她。

她猶豫了片刻才告訴我，已經住在一起了，分開哪那麼容易，而且他對我也挺好的，每天都會煮飯給我吃……

當時我還沒辦法不臉紅地說出「同居」一詞，便迅速岔開了話題。

最近在追《歡樂頌》，看到應勤因為邱瑩瑩不是處女的事情而鬧分手時，不知為何我竟想起她來，現在似乎終於明白，她口中那句「分開哪那麼容易」究竟意味著什麼。

現實的世界中，像曲筱綃那種性開放型的女生還是少數，普通的女孩有幾個不期待著可以嫁給自己的第一個男人。

就因為這樣，很多女孩即使深陷泥潭，卻依然期待著愛情可以拯救一切。

但愛情這東西不能頂替飯來吃！生活不能全部仰靠愛情支撐，它總會歸於平淡，歸於柴米油鹽，歸於那些細碎的雞毛蒜皮之中。

那句話怎麼說來著，「不談物質的愛情是傻乎乎的瞎扯淡；只談物質的愛情是赤裸裸的性交易」。

馬斯洛的層次理論中，生理需要、安全需要之後，才是歸屬與愛的需要，追求快樂是身為人的天性，如果簡單的生活需求都不能滿足，又如何追求愛呢？

別以為在乎物質的女生就是愛慕虛榮，在乎基本的物質需求那是天性，誰都無法免俗。

什麼是愛情？

愛情起碼應該是一種，可以讓人看到未來希望的東西！

什麼是家庭？

家庭應該是兩個懷著同樣幸福的夢想，準備攜手一生共同前往的方向！

無論愛情還是家庭，最大的相似點，就是可以看到明日曙光的希望，誰會希望自己的未來黯淡無光？

二十七歲的女人，在沒有愛上另一個人的前提下，要鼓多大的勇氣，才能做出離開一個人的選擇？這不是她現實，只是她看不到未來的希望了。

幻想一下未來的生活，租住在小房子裡，穿廉價的衣服，沒日沒夜的勞累只為了孩子的奶粉錢，為了兩毛錢也要和賣菜的大哥大姊討價還價……

這樣的日子，比單身都不如，想想誰都會覺得恐怖。

有的男人總是不懂，甚至會質問他的女人，「你以前不是這樣啊，你什麼時候也變得這麼虛榮、這麼勢利眼？」

真的是女人變了嗎？

要命的不是女人變了，而是那個本已經到了撐起家庭年紀的男人依然未變。

二十五歲，對於女人來說，是一個偉大的轉折點！

二十五歲之前想要的東西有很多，虛無縹緲的愛情，吵吵鬧鬧的友情，不被束縛的親情。

過了二十五歲，一切好像都變了。對美滿家庭的渴望，高過那遙不可及的愛情；友情的圈子不是越大越好，甚至害怕那些只為追憶的久違團聚；開始理解父母的苦口婆心，甚至害怕某天這種嘮叨會突然消失……

收起放蕩不羈，她們開始變成一個「規矩整齊」的自己，抬起頭，她們開始正視現實中的自己。

關雎爾對安迪說：「我看現在好多人也沒見上幾面，兩個人就結婚生子了，這結婚有的時候無非就是搭伙過日子。安迪姐，你不一樣，你什麼都有了，對愛情的要求也就更純粹一些。」

安迪回道：「愛情本來就該是純粹的，和我有什麼沒關係，你也一樣。」

關雎爾道：「可是像我這樣的人，如果一味地追求愛情，結果只能當剩女。」

愛情有的時候，其實和物質基礎就密不可分，這年代也不該說誰現實，因為無論男人喜歡女人的美貌，還是女人喜歡男人的才華，深思起來都挺現實。

最好的解決辦法，就是在該努力的年紀都去努力，女人不圖嫁人來扭轉命運，男人透過自己的努力，從「潛力股」變身為「績優股」。

有了物質基礎，我們再談愛，那時候的感情或許才更加純粹。

女人，

男人的肩膀是需要你來靠的

不久前，簡書上收到一條男讀者的私訊。

他看了我的文章之後，莫名想到了他的女朋友，不知鼓了多少勇氣，終於向我問出了心中久存的疑慮：「我女朋友和你很像，一樣的獨立堅強，也很有主見。她很少麻煩我，遇到困難的時候，都會想辦法自己解決；也很信任我，有時候晚歸稍作解釋她就相信；非常理智，從不太會像別的女孩一樣撒潑。在她那裡，我感覺不到自己是被需要的，你說她是不是不喜歡我？」

我心想：「你女朋友喜不喜歡你？這問題該問她啊，你這樣問我，我怎麼會知道？」

但仔細一想，大概可以了解他問我這個問題的原因。我想他之所以會問我這個問題，或許是因為我和她的女朋友性格很像，所以想從我的角度，了解她女朋友的真實想法。

我又繼續追問他道：「你女朋友有沒

有說過喜歡你？」

他回道：「說過，但是只有一次。」

我繼續追問道：「既然已經說過了喜歡你，為何還要糾結於這個問題？」

這一次，他隔了很久才回覆我說：「我不知道該做什麼，怎麼做才能迎合她，在她面前我總是患得患失的，當初追求她的時候，就是覺得她和別的女生很不一樣，所以確實追了好久才追到，可是我真的不確定她是喜歡我的，或者僅僅只是感動。」

關於這段感情，男孩其實在腦海裡已經開始動搖了，因為他的愛沒有得到同樣的回饋。

我想到了我可悲的過住，以及很可能相似的未來，我只能用我自己的想法來判斷，這一次我只回了他幾個字，非常肯定的幾個字：「她是喜歡你的。」

我沒有任何判斷的實際依據，單純地憑藉女生的第六感，憑藉和那女生所謂的相似點。

這個人再也沒有回覆我。

這幾天我一直在反思這件事情，不知道他們後來會怎麼樣？只是很後悔沒有更好地回答他的疑問。

我想了又想，想了又想，依然覺得那個女生是喜歡他的，至少如果我是她，我是這樣想的。

雖然在我的文章中，常常灌輸「女生要學會自立」的觀點，但實際上，我又不得不悲哀地承認，有時候自立過度，反而不是一件好事。

《花兒與少年３》的第一集，節目組讓全體成員，從井柏然和陳柏霖兩人之中，選擇一人作為其領隊導遊，另一名將被獨自流放，最終成員們紛紛選擇了井寶當導遊，理由並非是他能更好地帶領大家，而是大家覺得相比較而言，他更需要被照顧。反之，即使陳柏霖是一個人，也能應對各種狀況，更適合被獨自流放。

所有自立的人都將面對同樣的悲哀，大家理所當然地認為他不需要被照顧。

我也經常遇到同樣的事情。舉辦活動的時候，常常一個人背著全套的攝影器材，再加上兩三個工具袋樓上樓下地跑，大家看習慣了，會自然地覺得我很強，根本不需要幫忙，所以慢慢地，就真的沒有人會主動幫忙了。

這樣的事情很多，涉及方方面面，後來我確實掌握了很多技能，修得了水管，拿得起電鑽，看起來無所不能，別人想幫忙也只能望而卻步，畢竟我看起來那麼「強壯」。

因為沒人幫忙，我又只得更加的獨立堅強，如此反覆，惡性循環，自食惡果。

總結下來你就會明白，所有看起來自立的女孩都會犯同一個毛病——凡事喜歡自己來，而非找人幫忙。

我分析過自己為什麼會這樣，其一可能是對他人的信任不夠，總想著與其相信別人，還不如相信自己；另外一點，可能就是習慣性的不想麻煩別人，怕欠人情債。多數的情況可能屬於後者。

但為什麼連自己的男朋友都不信任呢？我猜就是習慣。

究竟從什麼時候開始，被大家冠上了「自立」的標籤呢？我仔細回想。肯定不是小時候，小時候充其量只被當成是個「獨立有主見的小姑娘」，真正要追究起來，估計是從我獨自生活開始，從我步入社會開始，從我認清不自立就很難生活得很好的那一刻開始⋯⋯

就連志玲姊姊都曾說過：「希望有人能夠呵護我，可是後來才發現，只能自己把自己當公主。」

是啊，多少個女孩期待過別人的呵護與照顧，可是後來生活卻讓她們斷了這樣的念想，慢慢擺脫了依賴，慢慢變得自立，慢慢養成了習慣！

成年人一旦養成了某個習慣，真的很難改掉，就像戒菸，就像失戀，所以割捨「自立」

其實也是一件蠻困難的事情吧！

他們兩個後來會變成怎樣的情侶呢？男孩學會了包容女孩的自立？還是女孩學會了依賴男孩？抑或是還沒走近彼此便選擇了分開？

我希望可以是前兩者。

寫給親愛的女孩：

我以前有兩種食物從來不碰，番茄炒蛋和優酪乳，我從心裡排斥它們，覺得它們很難吃。偶然的機會我嘗試了幾次，現在生活已經離不開優酪乳了，偶爾也會做個番茄炒蛋。

說了這麼多只想告訴你，你或許習慣了依靠自己的生活，不願試著依靠別人，我知道這樣的習慣很難改掉，但不要先入為主地覺得，這樣的做法就是最好的，偶爾可以試著依賴一下別人，也許那種感覺也會不錯呢，不是嗎？

自立的女孩都很美，我一直這樣認為，但是它的應用也需要分場景，愛情的世界裡，本就需要兩個人共同經營，如果你全部都可以，那還要男人做什麼呢？

愛情裡，不光是你需要，還有被需要。

兩個人在一起，不是有愛就行，我們還得學著如何經營這份愛，學著放低姿態，學著依賴。

網路上有句話說得好：「擺出那麼強悍的姿態給誰看呢？到頭來，自己成了自己孤獨的觀眾。女人要獨立，要堅強，但不必每分每秒都刀槍不入啊！」

寫給親愛的男孩：

如果我是她，既然選擇了你，肯定是愛你的，這一點毋庸置疑。

但是另一點你也要明白，這樣的女孩也許需要的，並不是你帶她看世界，而是一起並肩看夕陽！

她可能看起來很獨立，很有主見，但她肯定也需要你，需要生命裡每一天你的出席，需要你的時常相伴。

你的小心翼翼，你的試探與隱藏，其實都不如勇敢又大膽地正面出擊，告訴她你的不適與患得患失，告訴她你的存在與可靠。

如果你覺得她的氣場太強大，其實可以試著讓自己的氣場變得更強大一點。再或者，就心甘情願地弱化自己的氣場吧，女生自帶母性光環，既然你感覺她好像不那麼需要你，但你卻可以非常需要她嘛！

總之呢，世界那麼大，我們那麼小；道路那麼寬，衣衫那麼薄；緣分那麼淺，相遇那麼難；兩個人能走在一起啊，不容易！

是「我愛你」，還是「我習慣了你」？

身邊不乏這樣的朋友，某天和我們宣布戀愛了，愛得很高調，朋友圈總能看到其曬幸福的照片。其實打心眼裡為他高興，但是沒幾天，卻又聽到了他們分手的消息。

還有另一種情況，傳說中的閃婚。雖然當初結婚的時候，也的的確確是因為愛情，可是好景不長，沒盼來他們生寶寶的消息，倒是聽說他們離婚了。

其實我有時候也挺好奇的，大家怎麼換男（女）朋友，或者換愛人的速度，比我一本小說完結得都快？

很多人抱怨，說為何自己找不到對的另一半，有些人會不斷地嘗試，不對就換；另一種情形，就是如我一般，一直在等。

但現實就是，換的永遠沒有上一個好，等的永遠也等不到。

為什麼？因為對的另一半，只是你臆想中完美的那一個而已。

你有時候連自己都嫌棄，怎麼可能遇到那個完美到你從不嫌棄的人呢？

道理或許大家都懂，只是做不到。

但我今天要做的不是講道理，而是要說故事，一個關於我爺爺奶奶的「愛情」故事。

「娃娃親」（指男女雙方在年幼時，由父母訂下的親事）幾個字是不是覺得特別陌生？那是封建社會才存在的一種包辦婚姻行為，當時「娃娃親」其實很常見，我的爺爺奶奶便是其中的一對。

我爺爺家是地主階級，所以年輕時一直享受的都是少爺待遇，雖然後來因為「文革」時挨批鬥，家道中落，但是一點也不影響其年輕時候的風流倜儻。

我爺爺上大學那年，我奶奶已經當了小學老師，那時候學校屢屢組織下鄉勞動，既要從事體力粗活，伙食又不好，我奶奶就會經常將自己的糧票省下來，去給我爺爺送便當。

我爺爺年輕的時候長得很帥氣，又因為一直都是少爺待遇，所以在眾人中，總會有點與眾不同的氣質，當然因此就會有很多小女生喜歡。我爺爺問過我曾祖父對此事的態度，曾祖父比較開明，說他已經成年，事情可以自己做決定。

這意思也就是說，雖然長輩們給你訂了娃娃親，但是我現在不管了，你自己決定吧！我爺爺的決定就是，用自己已經有了未婚妻的理由，回絕掉那些主動的女孩們……

他們這一輩子也免不了爭吵，但還是彼此攙扶陪伴了一世。

爺爺葬禮那天，幻燈片上有張照片，是爺爺退休那年拍的，左手上的手錶銀亮亮的很是晃眼，那是一塊上海牌的手錶。是爺爺上大學那年，我奶奶省吃儉用好幾個月，花了兩百多塊錢買的，時至今日已有六十多年了，當年的兩百塊禮物，簡直是天價的奢侈品。

爺爺不知道哪一年開始耳背的，奶奶卻依然喜歡每天在他耳邊碎碎念。因為講出的話總是得不到回應，奶奶也會因此而生氣，特別氣憤時總是忍不住要罵上幾句「死老頭子」，爺爺看著她生氣的表情，也免不了心急，問：「你說什麼？啊？我聽不見，你再說得大聲一點……」

他們最後一次對話定格在葬禮上，奶奶伏在水晶棺邊上，對著裡面「睡」得安詳的爺爺喊：「老頭兒，你說話啊，你倒是說話啊……」

當時我就站在奶奶旁邊，那是我今生見過最美的愛情畫面。

你看啊，撇去浮華，最高級的愛情，只不過是柴米油鹽下的長久陪伴。

S在結婚之前出軌了，精神上的，她不可救藥地愛上了她的男同事。

S和她男友，是大學時認識並交往的，至今已經有八年。去年的時候，S男友的公司多了一次外調的機會，上司相中了工作踏實肯幹的S男友，希望他可以把握這次機會，只要在新疆分公司待滿兩年，回來的時候即可晉升一級。

兩人商量之後，決定接受這次外調的安排，臨走前S男友跟S求了婚，S也答應兩年後他轉回總部便舉行婚禮。

一切似乎都在小情侶的規劃之中，可是兩人畢竟相隔了數千里。異地或多或少總會拉開彼此的距離。

S男友離開的第一年，便發生了很多事情，房東易主，S不得不重新找房子搬家，工作上也面臨了很大的變動。當S滿身疲憊與委屈，打電話給男友的時候，對方的手機卻幾乎永遠都是沒有訊號狀態。

以前她還可以理解，他那地方的訊號一直就不好。但是這樣的時刻，她只剩下抱怨與更多的委屈。

那個男同事便是這時候出現的，他幫S搬了家，還時常請她吃飯，傾聽她的抱怨……對方對她越好，她對男友的抱怨便越多，有一次，她甚至惡毒地對著電話吼道：「你說這麼多好聽的有什麼用啊？你是能幫我搬家啊？還是能幫我找工作啊？」說完便直接掛斷了電話。男友的電話再打來，她也選擇視而不見。

兩個人就這樣，在其中一人的賭氣中斷了聯繫，S和那位男同事的關係，卻在逐漸升溫中。

那晚S和男同事一起喝了點酒，S酒量其實不錯，但可能感冒的緣故，走路還是有些搖晃。男同事送她回家，藉著酒意大膽向她告白。S恍惚了一陣，還是老老實實告訴對方，自己已經有男朋友的事實，對方不但沒有生氣，反而說沒關係，他會等她。

等她做什麼？分手嗎？

S一下子清醒了過來，推開那位男同事，自己跌撞著回到家，腦子卻一直揮不去被告白的一幕。

半夜S開始發高燒，頭昏腦脹的只覺得噩夢一個接著一個，似乎有人摸了她的頭……S一早醒來才發現，本該在新疆的男友，此刻就坐在她的床邊。對方見她醒了，忙起身摸她的額頭，感覺不燙了才欣喜地鬆開手。

因為她鬧了脾氣，他竟從那麼遠的地方飛了回來。

早飯是男友做的皮蛋瘦肉粥，上面撒了厚厚的一層香菜，她最喜歡吃的菜。S舀了一大勺吃進嘴裡，莫名地抽泣起來……

男友焦急地向她道歉，說自己忽略了她的感受、沒能幫她搬家、讓她受累了、對不起之類的話。但只有她心裡知道，她其實是在愧疚。

那位男同事也和她男友一樣，不喜歡吃香菜，所以兩人一起吃飯時，從來都是請廚師不要放香菜，但她的男朋友不是，他每次只是耐心地把香菜挑出來，放到她的碗裡而已。

S後來還是選擇了她的男朋友，今年他們順利地完婚了，很多人羨慕這對相處快十年終於修成正果的情侶，羨慕這樣的愛情，可是只有S自己知道，能讓他們最後走到一起的不只有愛情。

孟非在《非誠勿擾》裡說過這樣一段話：「我覺得吧，要結婚這件事情裡邊一定要有愛，沒有愛是不行的，但是我認為不能僅僅是因為愛。我恰恰認為習慣是一個非常可貴的東西。你想一想，我們太容易喜歡上一個異性了。真的，我看到這個女孩好我會喜歡。我第二天看到那個女孩好，我也可能喜歡，這個是骨子裡的東西，人性克服不了的。可貴的是什麼？當我跟她相處，我已經離不開這種習慣的時候，那個時候進入婚姻，是相對比較安全的。僅僅是因為愛進入婚姻，很快會在瑣碎的、無聊的、家常的生活當中，把那個愛消耗殆盡。但是，當你們的愛變成了一種習慣，雙方都習慣了對方，而再難習慣別人的時候，那個時候進入婚姻，是最安全且能夠相對持久的。」

聽說S最近懷了寶寶，曾經發生過什麼，此刻看來一點都不重要，重要的是他們後來走到了一起，而且現在生活得很幸福。

「我愛你」中的「愛」字是個動詞，可能只發生於一瞬間，但容易被輕易說出，也很容易被捨棄。

而「我已經習慣了你」中的「習慣」二字，卻是需要長時間的沉澱，才能夠養成的生活方式。

時間可以輕易帶走愛，但時間卻很難改變習慣。兩個人在一起，一方抬起手，另一方便知道，她是要遙控器還是要洋芋片的默契；點菜時無須對方多言，便可以脫口而出的口味；一方張開手臂，另一方便知道跑過去擁抱的熟悉……

「我愛你」，有時候倒不如「我已經習慣了你」。因為愛你，而在一起，因為習慣，而放不開你。就這樣不會彼此嫌棄的一直一直在一起，才是愛的真諦。

如果下次再戀愛，請別急於說放棄，給彼此一個可以習慣的時間，愛情的確可以晚點來，但愛情也需要慢慢養成。

第七章

總有一個人，愛你如生命

有一句「我愛你」，
最不該被吝惜

公車上，大家不約而同地看著同一個方向，包括我。

從女孩的幾句怒吼中，大概判斷出了事情的來龍去脈。她的爺爺未經她的同意，擅自使用了她的電腦，導致裡面的相簿全部消失了，她便質問她的媽媽：「你怎麼不阻止他？」

她有些蠻不講理地對著電話發脾氣，說：「我不管，回家之前必須把照片都給我還原，否則我和你沒完……」

前面的女士緊皺眉頭地盯著她，可能在想這是誰家的孩子，怎麼這麼沒有教養？

我的思緒飄了很久，想起了青春期，也曾這樣沒大沒小地和我的媽媽吵過吧！

小學畢業之前，家裡蓋了新房子，舉債多年。升中學以後，我的零用錢沒減反增，買了很多書和CD，老爸還會買昂貴的非當季水果，日子和周圍同齡的人相比，一點也不差，勤儉的只有他們倆。

那年，家門前的鐵路還有在使用，鐵

皮貨車轟隆隆地響，沒吹起揚沙，只留下了鐵球。很多的農村婦女便會在火車離去之後，拿著小籮筐跑到鐵軌附近撿鐵球，鐵球中含鐵成分其實並不高，換不了幾個錢，但在那個年代，這是貼補家用不錯的方式。

那晚放學，和平時一樣，我們一行三人騎著自行車，迎著夕陽的影子開心地哼著歌，不知是誰說了句：「╳╳╳，那不是你媽？」

我很想說不是，但事實不允許，我從未想過我的媽媽也會去撿那個。

晚上，我們大吵了一架。我很凶地質問她：「為何要去撿那個東西？」她很委屈地問我：「你是不是嫌我丟人？」

我想她自己給出了答案，一個人坐在角落裡哭了很久。

那是我青春期遇到過最糟糕的事情。

我心中的媽媽，美得就像宋祖英一樣，從小她就是我的偶像，我的神，我只覺得她生錯了家庭或者嫁錯了人，可是那一天，神話破滅了。

那時候不懂她，年齡漸長，當終於能夠讀懂她眼神裡的欲言又止時，卻又到了格外深沉的年紀。

我們與父母之間，似乎永遠都有一條沒辦法彼此走近的鴻溝。

《請回答一九八八》裡面有這樣一個鏡頭，寶拉看著媽媽流血的腳趾終於讀懂了母愛。「偶爾會有覺得媽媽丟人的時候，媽媽為什麼連最起碼的顏面和自尊心都沒有呢？有時候會很生氣。那是因為媽媽有比起自己，還更想守護的珍貴寶物，那就是我。那時候我沒能明白，人真正變強大時，不是守護著自尊心，而是為了自己想守護的人拋開自尊心的時候。所以媽媽很強大。」

但電視劇終究是電視劇，生活中哪裡會有配旁白的。所以這麼多年，我還欠她一句對不起。

越來越多人說我長得像媽媽，連笑起來的虎牙都一樣。可是，她的那顆已經掉了，鑲了一顆不合尺寸的門牙，身材嚴重走樣，完全看不出年輕時窈窕的樣子，就連脊背不知何時都彎出了弧度。

我越發出落得像媽媽年輕時的樣子，每當別人誇我長得好看的時候，我就會想起我的母親，她的女兒承載了她的美麗，汲取了她的營養，她卻像一棵乾枯的老樹一樣，渾身滿是歲月刻畫出的溝壑與皺摺。

我很不忍摸她做久了農活而粗糙臃腫的手指，不忍看她不合尺寸的牙齒，更不忍瞧她滿鬢的白髮。

那個像宋祖英一樣的女子，似乎永遠留在了記憶裡，留在了家裡的老相簿裡。後來，才恍然發覺，之所以把媽媽年輕時的樣子神化了，是因為它真的只存在於我的想像裡。因為，當我降生到這個世界的那一天起，那個窈窕的少女，就變成了力大無比又頂天立地的媽媽。

打電話給媽媽，她突然感慨道：「有啥事你也不和我說，你說你不開心的時候，不和我分享還能和誰分享？」

我心想：「那您生病了，怎麼不第一時間告訴我？」嘴上卻回她：「我挺好的。」

發覺越長大越像她，一樣喜歡自言自語，喜歡只報喜不報憂，喜歡有什麼事自己扛著……第一次做媽媽的媽媽，一直在用她的方式守護著她的女兒，而也是第一次做女兒的女兒，其實也一直模仿著她的方式守護著她。

千言萬語只想說一句，「媽媽，謝謝你。」

但並不是所有人都有這份幸運，可以在懂得媽媽這份用心良苦的年紀，還能對她說一句感謝。

X沒有在她母親的葬禮上流過一滴眼淚，私底下親戚們都在竊竊私語，說她這個女兒算是白生了。X全然不在意，她對她母親的情感中恨意占了上風。

為什麼？因為她的母親竟然為了榮華富貴，而拋棄了她和她的父親。

很多年後的一天，X帶著閨女回外婆家探親，外婆怕曾孫女冷到，便在櫃子裡找了件衣服給她披上，X看到那件毛衣微怔了一下，繼而崩潰地哭起來。

當時，她的母親已經去世一年之久。

她想起了小時候，那是一個很冷很冷的冬天，母親靠在爐火邊拆著一件毛衣。當時她們家很窮，窮到沒錢買棉衣，母親怕她冷到，便把自己唯一的那件毛衣拆成毛線，幫她織了一套衣褲。

她原本以為自己忘記了，但看到那件毛衣的瞬間，她才明白，她不是忘記，只是害怕想起。

她很想對媽媽說一聲「對不起」，再說一句「謝謝你」。可是卻已經來不及了。

年幼的女兒跑到她的身邊，用稚嫩的言語問她：「媽媽為什麼哭？」

X摸摸女兒的頭，說：「因為媽媽想媽媽了。」

女兒不解，問：「媽媽也有媽媽嗎？」

X破涕為笑，輕輕回她一句：「是啊！」

《請回答一九八八》裡面，在「媽媽很強大」後面還有一句台詞，「據說神無法無處不在，所以創造了媽媽。就算是我已成為孩子的母親，媽媽依然是我的守護神，依然是只需要叫一聲也會哽咽的存在，媽媽依然很強大。」

「好不容易到了可以安慰媽媽的年紀，可是，那時的我們已經過分懂事了。以致『謝謝您』『我愛您』這些話無法說出口。現在如果想要讓媽媽開心的話，只需說一聲『媽媽，我需要您。』這一句足以……」

是啊，這世上最無私的愛或許就是母愛。但是最小氣的「愛」，或許就是孩子對父母的愛。

我們總是太過吝惜自己的言語，不曾說過一聲「對不起」，也未曾真誠地對她說上一聲：「我愛您。」

時光啊，它催人老，染紅了櫻桃，也塗綠了芭蕉。

回家趕緊給爸媽打個電話，告訴她你的愛。

即使平庸，

父母依然以你為傲

從小我們便對父母有種誤解，感覺自己如果沒有照他們期待中的樣子成長，就一定會讓他們失望。

其實事實並不是這樣。

妹妹九月份以優異的成績順利升入重點高中，但是好景不長，初中時成績一直名列前茅的她，高中首次月考便掉到了十名以外，她開始焦慮又惶恐起來，狀態一次不如一次，成績也逐漸下滑，這時候她便有了這樣的懷疑：是不是自己的能力就到這裡了？

她發微信給我，口氣中充滿了自暴自棄。

前些日子，伯母幫她報了昂貴的補習班，結果妹妹非但沒去，反而叛逆心更強了，不吃飯也不說話，只是悶在被子裡哭，伯母看了也跟著著急，一個人在客廳裡偷偷抹眼淚。

我能體會妹妹那種感覺，剛升高中時的我也一樣，不懂為何初中成績明明很優秀的自己，高中以後卻逐漸被人拉開差距，那種落差感與讓父母失望的羞恥感交織在一起，導致狀態每下愈況，其中，擔心父母失望的因素占了絕大部分。這種情緒持續了半年之久，才慢慢地緩解過來，成績也是這時候才開始穩定恢復。

中式的教育，「望子成龍，望女成鳳」的現象屢見不鮮，很多孩子在初期的學習過程中，很少能夠明確自己的學習目的，為了今後想當科學家而努力的覺悟，並不是每個孩子都能夠擁有的，大多數人一開始的目的，只是為了達成父母的期待與希望。

好的成績，父母會開心，會有獎勵，反過來自己也高興，諸如此類的邏輯，堆砌了一個不太正確的學習觀念，所以一旦這樣的鏈條失衡時，人便很容易自暴自棄。

當年梁啓超的女兒梁思莊剛到外國讀書，一時無法適應，在學業方面跟不上的時候，梁啓超寫了這樣一封信給她：「女兒，至於未能立進大學，這有什麼要緊？求學問不是求文憑，總要把牆基築得越厚越好。」

這是聰明父母的安慰方式，既給予孩子已有努力的肯定，又鼓舞他應該繼續加油。但實際生活中，大部分的父母，卻不能夠真正地理解孩子，他們只會按照自己的方式給予支持，例如找個補習班，實際上只是徒增孩子的壓力罷了。

「愛之深責之切」，明明互相喜歡，卻又彼此傷害。

但他們真的如同想像的那樣，對自己的孩子失望了嗎？

不一定。

在二姥爺（外祖父的二弟）的葬禮上，兩個久未見面的親戚一邊折紙錢一邊聊天。

A問B：「你家老二是不是開燒烤店？」

B回道：「是啊，已經開好幾年了。」

A說：「挺厲害的嘛！」

B說：「沒辦法啊，都怪咱們做父母的沒有本事，別人家都把孩子送出去念書，他初中沒畢業就輟學了，不想讀書就只能做個小買賣。」

A說：「現在不也挺好的嗎？你就知足吧！」

B說：「是，我可知足了，我們家老二特別孝順，沒事兒總去我那，每次都拎一堆吃的，說是採購的時候他都多買一點，然後帶給我們，因為新鮮……」

原來，輟學的孩子在父母的眼裡是這個樣子的！

是不是偶爾會因父母的一個眼神、一聲嘆息，而內心微微一震，認為自己讓父母失望了呢？

但你不知道的是，這一個眼神、這一聲嘆息中，包含了多少他們對自己的失望？讓父母無法釋懷的，並不是孩子的平庸與不優秀，而是他們對自己無能為力的教育而深表歉意。

自己的孩子，無論是什麼樣子，在父母的眼裡，永遠都是最驕傲的存在。

猶記得幾年前，在幼稚園的畢業典禮，看見過這樣一對母女的對話。

當時表演的舞台，就設置在廣場中，正值夏季，廣場走動的人很多，沒有表演項目的小朋友，就坐在成排的小板凳上，其中有個穿公主裝的小妹妹很是顯眼，那時她正坐在母親的懷裡偷偷掉眼淚，誰也不知道她是怎麼了。

舞台上的小朋友開始報幕，下面一個節目是《醜小鴨》。

台上剛剛報完幕，台下的小妹妹便哭得更加厲害。一個老太太走過去問孩子的母親：「這個小可愛怎麼啦？」

孩子的母親一邊哄著孩子一邊解釋道：「本來是她演那個醜小鴨的，但前些日子她病了，好幾天沒上學，老師就安排別的小朋友演了，這下當然傷心啦！」

台上的小鴨子笨拙地走著，一不小心摔了一跤，孩子沒哭，爬起來繼續表演，逗得台下觀眾一陣掌聲。小女孩一直用眼睛偷瞄舞台的方向，媽媽將她緊緊地摟在懷裡，輕聲地對她說：「你看台上那隻小鴨子，演得好不好呀？不過你也很棒喔，她們在台上是小演員，我們在台下是小觀眾，因為有小觀眾的支持，這個演出才算完整，是不是？」

小女孩似懂非懂地看了媽媽一會兒。

女孩的母親繼續解釋道：「來，我們給她們鼓鼓掌。你平時表演的時候，媽媽幫你鼓掌你開不開心？」

女孩輕輕地點了點頭。

「是呀，因為有媽媽的鼓勵，所以你才更加努力地表演，那你說媽媽重不重要？」

女孩似乎聽懂了，終於露出笑臉，在媽媽的激勵下，對著舞台上的小朋友拍起手來。

這不禁讓我想起那句話來，「當英雄路過的時候，總要有人在路邊鼓掌。」這是每一個平凡人所扮演的角色——襯托英雄。但是在父母的眼中，你即使只是坐在路邊鼓掌，也一樣是英雄。

很多人不相信。

記得看過一個街頭採訪，主題是「你有讓父母值得驕傲的事情嗎？」很多年輕人搖頭表示沒有。記者輾轉聯繫上了受訪者的父母，幾乎每一位父母都表示孩子便是他們的驕傲，雖然在孩子的眼裡看來，自己並沒有優秀到足以令父母驕傲的地步。

父母對孩子的滿意，只會在外人的面前悄悄盛開；在你面前時，只剩下一句輕輕地「繼續努力」。因為他們把對你的愛與褒獎都埋在心裡，怕說出來你會驕傲而放棄努力。

記不記得床邊的那杯水，記不記得回家時滿桌的菜，記不記得那嘴邊的一抹笑，那都是父母驕傲的最好證明。

這些或許只有我們自己當了父母才會懂得。

不是不想你，只是不敢提起

李同學深夜在群組裡求助：「你們至親的人去世時，都是怎麼挺過來的？」

E只回了一個字：「熬」。

我瞪著手機上「去世」那兩個字，默默收起了手機。

怎麼挺過來的呢？

記得那是一個冬天，收音機裡在播放一檔音樂類的節目，前奏緩緩地響起，是曹格的聲音，他在唱：「搖下車窗在熟悉的路上，哼著你愛的那首歌。竹藤椅石砌牆懷念茶香，全家福的舊相框。你牽我走彎彎的小巷，風吹過落葉的地方，你說孩子勇敢地去闖，去看世界的模樣。長大的世界充滿了偽裝，牛奶糖不再是犒賞……」

這首歌是曹格寫給自己已過世的爺爺，歌名就叫作《爺爺》，當時並不知道歌曲的名字，只聽到歌詞便陷了進去，淚腺就像開了閘門的水龍頭一樣，腦海裡不知為何就想起他來……

轉眼已經到了十一月，距離他離開已快兩年之久。過了冬，飄過夏，秋天快來，之後又是冬。

走在街上最不願看到的畫面，就是彼此攙扶的老夫妻，坐公車的時候，也最不想碰到走路搖晃、頭髮花白的老翁，他們總會讓我想起你。

中學的時候，我倆經常一起下棋，那時候你還不老，還總背著奶奶偷撿地上的菸頭抽。初一的時候我的棋藝還不如你，待到初三的時候，我已經可以輕鬆地連贏你三局，只不過看你有些失落的樣子總是不忍，偷偷地讓你。

其實那時，你已經開始步入老人的行列，我媽總說：「老小孩啊老小孩」，越老便越會像小孩，所以贏棋的你，才會開心地笑到露出滿口的假牙，後面還要夾上幾句「你還要多加練習」。

是的，我還要繼續多加練習，陪你演好這齣「戲」……

你總是自告奮勇地參加我每一次的家長會，因為老師會誇獎我，你很得意。為此，整整三年，我媽硬是沒機會認識我的班導師。

你也很喜歡在家長會上發言，那是你退休之後唯一站在講台上的機會。看出來了，你很熱愛那個「舞台」，學生們大概也很愛你，否則不會時隔幾十年以後，還會有頭髮半白的花甲老人過來看你。

高中我在學校寄宿，沒辦法回家陪你下棋，你和奶奶便經常坐一個多小時的公車跑去縣城看我，學校的警衛對我們從不寬容，家長來了也必須經過老師同意，你們倆卻也神奇，不但可以自由出入，還打起草坪裡的野菜主意。

然後奶奶便專心地在草坪裡挖野菜，你便坐在警衛的位置上和他侃侃而談，中午的時候，再被同學們簇擁著找到我的教室，給我一個大大的驚喜。

不得不說，你倆比我有人氣。

那是唯一一次你隻身跑來學校看我，帶了入冬加厚的被子，還有奶奶裝好的水果。中午我帶你去吃米線，你說這個麵條挺滑溜，好吃。

我把辣椒醬推到你面前，慫恿地提醒你道：「奶奶不在，今天可以吃。」就像小時候一樣，你推著我的小車一出門，我便會好心地提醒你：「爺爺快抽菸，奶奶不在。」我倆很有默契地相視一笑，你舀了很多放到碗裡，米線湯上面立馬漂浮起一層紅紅的辣油。

「千萬別告訴你奶奶喔！」說完你便低頭吸了一大口，但沒吃幾口便咳嗽個不停。明明知道你氣管炎那麼嚴重，我的縱容就是害你，可是你怕浪費，還是把那一碗都吃了。奶奶後來說你回家就開始咳嗽，至今我都沒敢告訴她，辣椒醬是我給的。

考大學前幾日，我再三囑咐道：「你們誰也不許去現場。」大家都答應了，但沒人做到。

姑姑後來笑著說：「別看他平時走路都不穩，可是一提到你要考試，那比誰都心急，我和你奶奶都追不上他，一個人在前面走得嗖嗖的（家鄉話，走路帶風，形容很快的意思）。」

考完大學後，我報了駕校，完全寄宿在你的家裡。你看連續劇，我便偏要看卡通，奶奶幫腔道：「孩子能在家待多久？」你便乖乖地交出遙控器給我，時間久了，變成我一到家，你便直接把遙控器扔給我。這點您比您兒子強多了，搶遙控器這件事，我經常得費三寸不爛之舌，才能說服他讓給我。

耳背初露端倪，你開始很大聲地講話，有時候是在凌晨，奶奶數落你：「別把孩子吵醒了，你小點聲。」漸漸你沒了聲響，因為我的存在，似乎剝奪了你很大的自由。現在想想，發覺那時的自己真是任性，但當時，只有比你受寵的小小得意。

大學四年，每次回家總會在你那住上幾天，還得帶著奶奶去樓下的公共浴池好好洗個澡。她的身體很健康，只不過滿頭白髮略顯年老，人家浴池不讓她自己進，只能趁著我歸家的時候去。

你喜歡坐在窗口的位置等我們，這樣才能第一時間幫我們開門。你很懶，不愛下樓，最大的運動量就是從北窗戶走到南窗戶。

那一年，你開始大小便失禁。其實你還能下床走路，只不過腿腳不太方便罷了。奶奶有些笑意地問你：「老頭子，你怎麼就不能忍一忍呢？」你害羞地沒回答，隔了很久才小聲說了句：「沒忍住。」

二零一四年的冬天，是記憶中最後一次帶你倆出門，我陪著奶奶進白塔裡面逛了會兒，你在公園門口等我們，因為你說走不動了，明明那時候我們才剛下公車。

中午在一家刀削麵館用餐，你問價錢，服務員告訴你說：「十三塊。」那時候你耳背已經異常嚴重了，人家說了幾遍你才聽清楚，繼而又在追問：「那是十三塊錢一碗還是十三塊錢三碗？」我擺擺手示意服務員快走，也扯著嗓門喊：「三碗十三塊錢。」這次他聽清楚了，點了點頭，好像也沒剛剛耳背了，嘴裡小聲嘟囔：「三碗還行，要是一碗就太貴了。」奶奶在一旁偷笑，一遍又一遍地說：「這傻老頭啊，這傻老頭啊！」

每次離家，和他說的最後一句話永遠都是：「爺爺，我走了，等我放假再回來看你。」那次，他的回答很遲疑，隔了許久才想起似地回覆了單音節的「啊！」那時他已經癱瘓在床很久了，腿部肌肉萎縮得厲害，瘦到只剩下皮包骨，他說一動就疼，所以永遠保持著一個姿勢躺著，一躺就是一天，又一天……

當時的我並沒有太在意，甚至沒有再回頭看他一眼，拿著背包便匆匆地離開了，從來沒想過那會是我們爺孫倆，最後一句對話。

那天，奶奶突然問我：「你想他嗎？你想你爺爺嗎……」

突然眼睛一酸，但我不能在奶奶面前哭，隔了很久我才別開視線回覆她道：「想他幹嘛？」

我們都會經歷至親離開的這一天，小時候覺得它異常遙遠，但長大後才知道有時生死只是一瞬間。

李同學講起了他的奶奶。

葬禮的第一天，她老人家一滴眼淚都沒流，只是偶爾會趴在水晶棺旁邊向裡面望望，口中念念有詞地說著：「你也算解脫啦。」李同學他爺爺得的是胃癌，過世前受了很多折磨，不過一個多月的時間，整個人從六十多公斤瘦到了四十多公斤。他奶奶看著棺材裡爺爺的臉點了點頭，說：「這妝畫得還行，臉看起來胖了些。」

便席就在殯儀館的二樓，他奶奶吃了一大碗的飯，還招呼一旁的老姊妹也要多吃一些。李同學的媽媽瞟了好幾眼老太太，臨下樓時伏在兒子的耳邊小聲地囑咐：「好好看著奶奶，別讓她出問題。」

李同學不明白他奶奶怎麼此刻還可以笑得出來，手肘狠狠地碰了一下老太太，口氣不好地喊了聲：「奶……」

葬禮的第二天，她老人家留在家裡，老姊妹們陪著，家人忙著各種儀式，沒時間顧她。第三天要出殯，遺體凌晨就要送去火化。半夜，守夜的兒孫熬了幾晚，都是沉沉欲睡的狀態，遠處卻傳來了腳步聲，原來是老太太來了，她腳步走得很快，越過迎過來的兒孫，直接朝著水晶棺走去。

身後的老姊妹遺憾地搖搖頭，說：「她硬是要過來。」

老人家繞著水晶棺轉了好幾圈，大兒子走過去攙扶她，說：「媽，您過去歇會吧！」

老人卻突然趴倒在水晶棺上號啕大哭起來，口中一聲接著一聲，悲痛地喊著老伴的名字。

李同學說，爺爺送去火化的時候，奶奶已經平靜下來，沒有跟著送葬的隊伍一同離去，只是坐在椅子上，目光毫無焦距地看著已經沒有水晶棺的空地。

面對親人的離開，你會經歷迷茫、不敢相信、悲痛欲絕、懷疑、崩潰、後悔、接受、難過、恢復再到突然想起等多個階段。我們會自責，自責對方活著的時候，我們沒有付出更多的愛，自責曾經的不懂事與傷害。

熟悉的屋子一下子變得冷清，歡聲笑語似乎已是很久很久以前的曾經，那種痛徹心扉，那種空虛孤寂，只有經歷過的人才懂。

李同學也問了我同樣的問題：「這麼久了，你還會想他嗎？」

當然想啊，可是生活總得繼續，心裡一直有個想法，他並不是真的離開，只是換了種方式存在，無論他在哪裡，他都會希望我好，我又豈敢不好？

過年時親戚集聚，大家笑啊、鬧啊，偏偏沒人主動提起你，但我知道，這個時候其實我們都在想你，只是這份想念埋在了心底。

不是不想你，只是不敢提起。想念其實無時不在，在觸摸象棋時，在米線的熱氣升騰時，在撞見每一個與你有過美好回憶的相似場景時……

他可能從未說過愛你，
但他比任何男人都愛你

那晚，我正準備去隔壁的大學自修，卻被車流阻擋了去路。

理工西門前面的行人穿越道，設計得有些複雜，恰好是拐彎處，沒有紅綠燈，能不能走過去全看司機態度。

已臨近下班時間，路上的車子多了起來，冷風中足足等了三分鐘，也沒能過去。學生早已放假，又接近年關，校門口顯得有些冷清，等待過馬路的只有我和一個剛剛走過來，身材偏胖的中年大叔。

他本來站在我的右邊，車子從我的左側呼嘯而過。

他很自然地繞到了我的左側，一手示意迎面而來的車子慢一些，一邊回頭示意我和他一起過去，走到中線，又出言提醒：「小心右邊的車子。」動作如此自然。

我們一同大步通過了馬路，他才放心地往左側走，沒一會兒便看他抱起了迎面走來的一個小妹妹，應該是他的女兒。

這世界上最偉大的紳士或許就是爸爸，不為了表現，僅僅為了女兒的安全。

我竟在一個陌生大叔面前，感受到濃濃的父愛！

我和一個學妹聊到這件事時，說了一句感慨：「所有生了女兒的爸爸都是天使。」她聽到這只輕輕地回了一個「哼」字。

這語氣讓人很尷尬。

我在手機上輕輕打出幾個字：「你還在恨你爸？」

她沒回我。

這樣已讀不回的事情還是頭一遭，不過我能理解她。

學妹的父母在她很小的時候便已分開，她被判給了媽媽，爸爸很快另外娶妻生子，母親卻一直獨身至今。各種因素的影響，她對爸爸一直懷有恨意，這種恨意不僅來自於她母親平常對父親的抱怨與碎念，還來自於那個小她七歲同父異母的弟弟。

她媽媽不只一次對她表現出，「你要是男生就好了」的態度，以至於她一直覺得是自己的性別，導致父母的婚姻失敗，所以她平時便打扮得格外男性化。

六月的時候，學妹的父親帶著全家，到她住的附近旅遊，順便去學校看她，見面的地方是學校門口的小餐館。

一家子一個接著一個地問她的近況，學妹覺得諷刺，一臉不屑地坐在那裡。年紀尚小的弟弟渾然不覺，一直追問她大學是否好玩？父親見她興趣缺缺，連忙打圓場地拿出一個袋子遞給她，說：「我和你媽一起挑的，不知道合不合身？」

學妹往袋子裡面望了一眼，一件米色的紗裙，當場發起火來，說：「你什麼意思啊？」說完甩了袋子就走，留下那一家子尷尬地接受眾人的「注目禮」。

很久之後再見到學妹的時候，她已經綁起馬尾，穿起裙子了，和以前的她判若兩人，她講了一個故事給我聽。

最後，那件米色的紗裙，還是有送到她的手裡，從舍監阿姨手上拿到的。袋子裡放著一張紙條，紙條上用很工整但幼稚的字體寫著：「我的女兒穿上一定會很漂亮。」

那一瞬間，眼淚突然潰堤，學妹突然想起幼稚園時的畢業典禮，也是她的爸爸，和賣衣服的阿姨拜託了很久，花了將近一個月的薪水，幫她買了那件她吵著要的粉色公主裝。只是，她後來被仇恨與嫉妒蒙蔽了雙眼，忘記了她也曾被他當作公主過。

這就是爸爸，他可能不愛你的媽媽，但他依然愛你。

想起《請回答一九八八》裡的一段話：「不管是在大門外所受的傷，還是在生活中留下的傷痛，甚至是家人帶來的悲傷，最終站在我這邊給我安慰的，還是家人……」

蘇打綠曾給父親寫過一首歌，歌名叫作《小時候》，在歌曲前有一段長長的獨白：「不知道你們是不是跟我一樣，覺得爸爸總是好嚴肅、好難跟他說心事。小時候，每個周末爸爸都會騎著車，帶我到一個從來沒去過的公園玩；但是，不知道為什麼，長大後，我們幾乎不講話了，爸爸從來沒有稱讚過我、我也從來沒有說過我愛他。但是幸好，在爸爸走之前，我們都說出了心裡話，我永遠忘不了某一天，當我要從醫院病房離開前，爸爸突然叫住我，沉默了幾秒，對我說：你……要加油喔。我點點頭，轉身後眼淚再也停不了……」

原來，深沉型的父親遠遠不只我爸爸一個！

年少的時候不太懂他，總覺得他懦弱、膽小、脾氣暴躁，沒有一點合格父親的樣子。別人家女兒都和爸爸關係好，在我家卻正好相反。甚至如果他假設性地問我，「萬一我和你媽離婚了，你會跟誰」的問題，我也會毫不猶豫地選擇王女士……

但……

甩完我巴掌之後，又在門外哄我的是他。

聽說我利用午休時間在學校門外打工時，突然放下碗筷變得沉默的也是他。

不算富裕的時候，也捨得幫我買昂貴、非當季水果的是他。

聽說我一篇稿子就有好幾百塊稿費收入時，突然興奮地從座位上彈起來的還是他。

我的父親，應該也曾為他的女兒而感到驕傲，只不過我只能在王女士的隻言片語中，得知他的想念與自豪……

每次打電話回家，他囑咐的話語永遠只有一句：「好好吃飯。」他對我所有的期望與關心，都凝結到「吃飯」二字上面，四字抵千言，捂著疼痛的胃時，我才懂得父愛。

在他的世界裡，其實一句「好好吃飯」，就是「愛你」。

「十一」的時候，回家參加兒時玩伴的婚禮，她的爸爸和我的爸爸很像，一個字形容就是「悶」。結婚前的最後一晚，作為伴娘的我在她家留宿，和叔叔阿姨聊天的時候，我採訪了一下二老此刻的心情。

阿姨回：「開心，巴不得她趕緊嫁出去。」

「叔叔呢？」

他只是笑，輕輕地點了點頭。

婚禮當天，當新娘對著男方的爸爸喊「爸」時，沒人注意到，在新娘的後方，有個男人在偷偷地擦眼淚。

原來那麼深沉的父親也會哭啊！在別人搶了他的掌上明珠那一刻。

老胡是我的老闆，有個十多歲的女兒，公司年會結束那天，他特地拿了兩塊小蛋糕，說是要帶回家哄女兒，自己邊說邊笑：「無論多大的女兒都得哄。」

提起女兒，真的是一臉的寵溺。

晚上和老媽通電話，她和我聊起前一晚我發在朋友圈的照片，說：「我和你爸說你發照片了，他立馬跑去拿放大鏡，一直問我在哪呢？」

印象中深沉又嚴肅的爸爸原來是這個樣子。他可能從未說過愛你，但他卻比任何男人都愛你。

這一句愛你，在童年自行車的後座上，在生病時溫暖顛簸的懷抱裡，在煙霧繚繞的白霧中，在每一個你看不見的時刻，這一句無言的愛你，抵過千言萬語。

真正的閨蜜

是不是女孩子生氣都喜歡潑東西啊？

原本我以為只有電視劇裡才會這麼演，誰想到前幾天竟然「有幸」目睹了一次。

住在大學附近最大的好處，就是可以經常跑回學校餐廳吃飯，那日也是。

當天是周末，去的是一家重慶雞公煲店，時間大約十點多。因為距離中午還早，所以吃這麼重口味食物的人比較少，店裡除了我之外，只有一對情侶和兩個女生，我就坐在兩個女生的旁邊一桌，原本戴上耳機打算追劇的，但隔桌的一聲怒吼，卻成功吸引了店內所有人的注意力。

「ＸＸ，你什麼意思啊？」說著女生A在桌子上放下一支手機。

女生B一臉茫然，手裡還拿著兩杯剛剛從外面買來的珍珠奶茶。

女生B坐到座位上，拿起那支手機查看了一下，繼而氣憤地抬頭，說：「誰允許你碰我手機了？」

女生A忽然冷笑了一下，說：「ＸＸ，你可真行，虧我一直把你當成最好的閨蜜，你就這樣對我？」

兩人又你來我往地唇槍舌劍吵了好半天。

都說看熱鬧不嫌事大，我一邊嚼著雞肉，一邊觀戰，從她們一來一往的對話中，大概弄清楚了整個事情的來龍去脈。簡單點講，就灑狗血的「三角曖昧」故事。「A喜歡上一個男孩，他和A、B兩人都很熟，A把這件事情告訴B，希望B可以幫她促成這段姻緣，結果B不但沒有幫忙，反而私底下偷偷聯絡男孩。」

「你有完沒完？別忘了你們還沒在一起呢，怎麼連別人和他說話你都要管？」

B這句話著實把A惹怒了，A氣憤地從椅子上站起來，惡狠狠地留下兩個字：「你行。」

A的背包碰到了桌上那杯奶茶，「砰」的一聲落地，一片狼藉，滿地滾動的黑色珍珠。A動作微微遲疑，但依然沒有停下來，推開門走了，剩下B自己孤獨地坐在那裡，可能是委屈吧，也可能是氣憤吧，她一揚手，另一杯奶茶也慘遭毒手。

兩個女生的友誼，就因為男孩的一條微信，便如同地上的珍珠一般滾了滿地。

所謂「閨蜜」關係，沒想到如此不堪一擊。

但如果真是這樣，你就太小看「閨蜜」了。

真正的閨蜜，寧可失戀一百次，也不願錯過她一次。一個男人而已，算得了什麼？

但近幾年，卻有越來越多的人頂著「閨蜜」的頭銜在毀閨蜜。

打開知乎（中文網際網路裡知名的知識分享平台）首頁，搜索欄輸入「閨蜜」一詞，第一條是：「被閨蜜搶男朋友是怎樣一種體驗？」

「閨蜜」似乎成了安放在身邊的定時炸彈。

不得不承認，的確有些女生之間的友誼經不起絲毫考驗；但也會有一種友誼，無論何時何地，無論遠近高低，她都不曾離去，成了家人一樣的存在，雖然你們沒有任何的血緣關係，這才是真正的「閨蜜」。

講到此處，我就不得不誇誇我的閨蜜。二零零七年，我們認識，至今整整十年，十年間吵嘴過冷戰過，甚至絕交過，但還是吵吵鬧鬧要好了十年，下一個十年我們依然會在一起。

但並不是所有的閨蜜，都可以這樣要好十年。

念書時整天混在一起，友誼很容易保持下去，但隨著時間推移，大家各奔東西，周圍環境的轉變以及交際圈子的不同，友誼似乎也慢慢變了味道。

兩人之間究竟誰錯了？

其實誰都沒錯，只是和你乘坐在同一輛列車裡的她先下車而已。

有時候，友情和愛情一樣，也需要經營，就像戀愛的時候需要訂下戀愛守則一樣，閨蜜之間也應該有「閨蜜守則」，但這一守則並不是寫在紙上必須執行的條款，而是放在心裡時刻謹記遵守的原則。

閨蜜守則（一）：有事沒事聯繫她，需要的時候陪伴她

你是不是也有過這樣的疑問：「為什麼曾經那麼要好的朋友，現在卻成了按讚之交？」偶爾還會有這樣的情況發生，一個久未聯絡的朋友某天突然找你，那一瞬間你應該不是欣喜，反而會害怕她是不是有什麼事情想要拜託你？

明明曾經那麼要好，明明無話不談，現在卻只能透過通訊軟體了解對方的動向，透過猜想了解對方的企圖，這是為什麼？

其實任何關係都是打擾出來的。

在交往關係中，總得有一個人先主動，但關係的維持也需要你來我往，一方面付出的情感，太容易因為一方的放棄而斷開聯絡。距離並不是兩個人疏遠的真正原因，互不打擾才是，慢慢斷了聯繫，也就慢慢沒了關係。

再者便是在需要的時候陪伴她。

安慰好朋友的最佳方式就是陪伴，無須多言，只要告訴她你一直都在就足矣。S學妹大三的時候，母親意外身亡，她雖難過但還是故作堅強，每日照常上課吃飯，寢室的姊妹不知該如何安慰，便很有默契地選擇了避談家人的事情，還輪流想辦法對她好，這些S都看在眼裡記在心裡，直到快畢業時，她才抱著寢室的姊妹痛哭道：「要不是你們，我可能根本沒辦法從母親過世的陰影中走出來……」

陪伴才是加深友誼最有效的催化劑。

閨蜜守則（二）：離對方的男朋友遠一點

雖然說：「朋友的朋友也是朋友」，但切記，一定不要把閨蜜的男朋友當朋友，因為朋友之間發發微信，聊天吃飯很正常，但和閨蜜的男朋友發微信，聊天吃飯卻很不正常。千萬不要打著「都是朋友」的旗號，做著閨蜜會不開心的事情，即使你們真的沒有什麼。

為什麼網路上常常會有「閨蜜搶了男朋友」的新聞傳出？最主要的問題，就在於「男朋友與閨蜜」之間越界的相處方式，沒有開始當然不會有結局。

一生中會遇到很多人，但卻只有極少數人，甚至就那麼一兩個，成了我們的閨中密友，兩個人之所以能從朋友變成閨蜜，必然是有相似的三觀，這樣的情況下，喜歡上同一個人也很正常，但是喜歡又怎樣？喜歡就可以去爭去搶嗎？

所謂的「閨蜜」，是願意和另外一個人分享生活點滴，兩人要好到彷彿遇到了另一個自己，但世界上不是所有的事情都可以分享，例如男朋友。

而且這個男人搶走了你的閨蜜，這根本就是情敵啊。

對待閨蜜男朋友最好的辦法，就是把他當作閨蜜佩戴的一條昂貴首飾，誇誇漂亮就行了，幹嘛非得拿來自己戴呢？

閨蜜守則（三）：當面可以隨意爭吵，背後要堅決維護

發現閨蜜在背後吐槽中傷自己，而導致友誼破裂的情況不在少數，「背後捅刀」是閨蜜相處之道中最大的禁忌。

最好的閨蜜，不是當面不爭吵、遇事無分歧，而是無論當面怎麼撕破臉皮，背後都不會數落彼此一句。套個霸氣的話就是：「只有我才可以欺負你，別人都靠邊去。」

看《小時代——刺金時代》時，有一幕真的哭成了淚人兒，唐宛如因誤會南湘搶走了自己的男朋友，兩人在街角扭打了起來，過程中南湘遭追債人偷襲，剛剛還和南湘拚得你死我活的唐宛如，立馬放下仇恨，轉而和南湘站在同一陣線上，為她打架出頭……

電影的好看不在布幕後面，而是看到畫面時聯想到自己，也想到閨蜜。

閨蜜守則（四）：對方比你優秀時，為她高興而不是嫉妒她

出了學校之後，閨蜜之間的關係漸漸疏遠，很大的程度也在於彼此之間的差距，總會

有一方比另一方工作更好，或者嫁得更好，這就難免會產生嫉妒心理。你會有這樣的疑問，為什麼我們明明那麼要好，看到對方好還是會嫉妒呢？

下面這句話是正解：「乞丐不會嫉妒百萬富翁，但會怨恨比自己收入多的乞丐。」同等程度的人之間，才更加容易產生嫉妒情緒，而閨蜜就是處於同等程度，與自己關係最密切的那個，一旦這種同水平狀態失衡，嫉妒心難免會出現。

首先，你應該誠實接受這樣的情緒，因為它屬於人之常情，無須難以啓齒，甚至可以光明磊落地告訴閨蜜，你很「嫉妒」。

其次則要調整好自己的心態，同時透過本質反看現象，她為什麼工作好、薪水高？是不是她比你更努力？她為什麼嫁得好？難道僅僅因為幸運嗎？

而且，她如果那麼好，能和她成為閨蜜的你，是不是也被證明足夠好呢？

面對閨蜜比自己優秀的現實，應該為她高興而非嫉妒；或者就將她當作榜樣，努力看齊，當然，這並不代表要模仿，只是儘量讓自己變得更好。

看《墊底辣妹》的時候，我見到了最好的友誼。三個學渣好姊妹，發現沙耶真的開始認真讀書準備考大學時，便主動提出：「我們已經不想和你一起玩了。」沙耶反問：「是討厭我了嗎？」朋友搖頭，說：「不可能討厭的，不管誰說了什麼都堅持努力的你，超帥氣。我們真心希望你能成功……」

寧願失去她，也希望她好，這才是真的好閨蜜。

說到底，真正的閨蜜究竟是什麼？

真正的閨蜜，是既禁得住男朋友的考驗，又經得起時間沉澱的人。

真正的閨蜜，是結婚時想讓她當伴娘，生孩子了想讓她當孩子乾媽的人。

真正的閨蜜，是不管距離多遠，都會掛念的人。

真正的閨蜜，是困難時無須過多解釋，便願意把錢借給你的人。

真正的閨蜜，是把你的家人當家人，朋友當朋友的人。

真正的閨蜜，是沒有血緣，無須證書便可以相伴一生的人。

真正的閨蜜，是一起見證彼此的成長、成熟到老去，在對方的葬禮上可以描述這一生的人。

如果你不相信會有這樣一個人的存在，那麼真遺憾，只能說你還沒有遇到「真正的閨蜜」。

第八章

一個人，也要努力生活

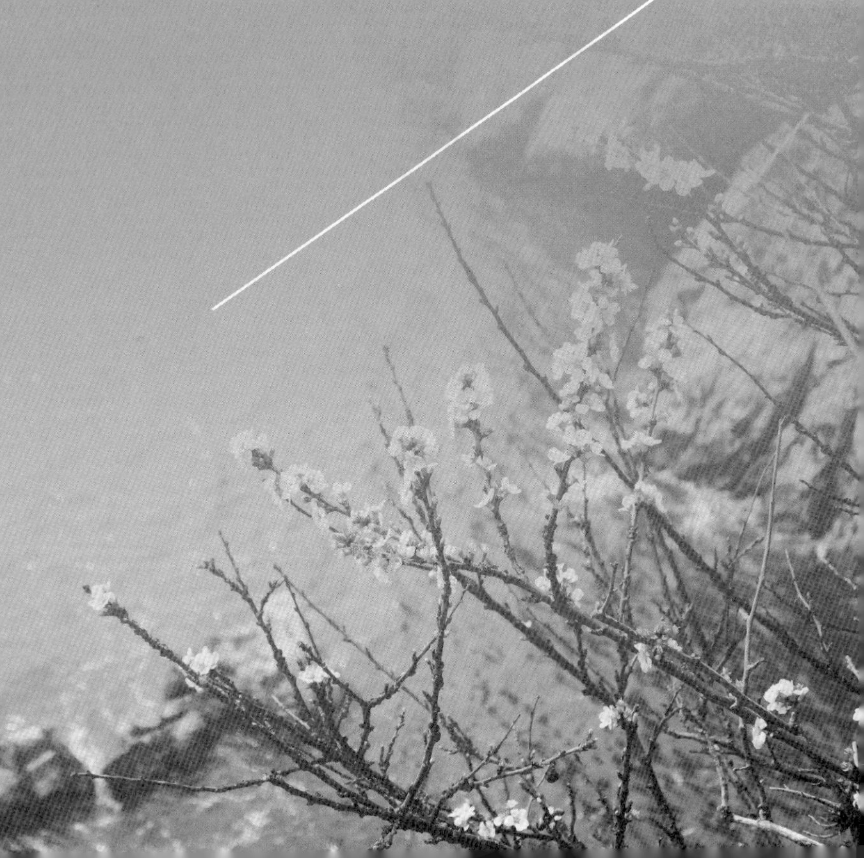

當我談走路的時候，

我想說什麼？

我這輩子最羨慕的，就是那些體格健碩，可以在運動場上大展身手之人，奈何自小就體弱多病，體育不好不說，走路甚至都可以左腳絆倒右腳。喜歡運動，卻不擅長運動，又執拗地堅持運動。

當然，我的運動方式比較另類，說起來容易被人嘲笑——走路，既簡單又原始。從二零一五年八月至今，兩年又兩個月，偶爾散漫之外，多數時間走路上下班，單程需行走三十到四十分鐘，特殊狀況除外。堅持久了，已習以為常，今日仔細回想，卻發覺已是滿滿收穫。

一、時間觀念

我是公認的「準點王」，堅持準時下班不說，我還堅持準時上班；不早到的同時，我也絕不遲到（當然也有例外）。這一點其實很難掌控，同事們遲到的原因，多數是由於某些不可抗力因素，如堵車、天氣不好……走路卻不受其影響。我的公司八點上班，單程的步行大概要三十到四十分鐘，我只需將出門的時間，控制在七點二十分至七點三十分之間即可，當然可以早些出門，如果晚於七點三十分，那麼便要當機立斷地選擇其他的交通工具。

以此類推，可以推算出最晚的出門時間，然後根據自己的漱洗時間，再推算出最晚的起床時間。

一個人的時間觀念，都是透過類似這種生活習慣來養成的，對時間有概念的人，才會對生活及工作有概念。

村上春樹在長達四分之一個世紀裡，日日堅持跑步，他曾在隨筆《當我談跑步時，我談些什麼》中提到：「我想，年輕的時候姑且不論，人生之中總有一個先後順序，也就是如何依序安排時間和能量。到一定的年齡之前，如果不在心中制定好這樣的規劃，人生就會失去焦點，變得張弛失當。先穩定生活的基礎，其餘事物才能漸次展開。」

生命的長度如果按照一百年計算，那折合成天數也不過只有三萬六千多天，人類在現有的科技水準下，依然無法背離活一天便少一天的生命規律，在此基礎上，懂得利用時間的人似乎活得更有意義。

二、思考

我喜歡在走路的時候戴上耳機，聽自己喜歡的音樂，邊走路邊進行思考。當然，早晨和晚上想的事情並不一樣。上班的路上，通常會在腦子裡，先演練一遍一天的工作規劃及安排，在腦海裡形成條框，這樣便可以最為合理地利用時間，最有效地展開工作。其實，這點還主要得益於我的「懶」，因為到今天為止，我都沒有一個完整的筆記本，總是習慣性地把東西記在紙上，然後隨處亂扔，從以前到現在始終如一，想當初文科綜合成績低於平均分數，看來也是有原因的，但幸好走路時的這一習慣拯救了我。

歸家時又是另外一種思考。最喜歡下小雨的天氣，我可以打著傘漫步在雨裡，聽雨聲滴滴答答，看匆匆走過的人群，觀察他們的表情，想像他們身上正在發生的故事。也喜歡漫無邊際地走在落日餘暉中，耳中聽著閫先生的節目，聽他發問：「你在哪座城市？留下過怎樣的故事？又如何輕輕說聲再見……」

最好是有公車從我身旁經過，裡面有黑壓壓的人群，車子晃動著身子，如同隨時可以爆炸的麵包一樣緩慢離去，想像著車裡的人或皺著眉或噤著鼻，而我卻可以呼吸著新鮮空氣，享受著一個人思考的美好時光，如此甚好。

一天最愉悅的時間就是此刻，沒有工作，沒有人際關係，也沒有煩惱與壞脾氣。

當城市的生活節奏逐漸加快，人們在在乎物價、在乎薪資、在乎人際關係之中，漸漸迷失了自己，但迷失更多的在於不自知，我們可能了解別人，卻甚少在乎過自己。

偶爾也需要這樣一個可以自我思考的時間，回到內心深處，找回初心。

三、知識

有人私訊我這樣一個問題：

「你的一天看起來好忙碌，哪有時間看書？」

「走路的時間呀！」

紙本書是書，電子書是書，有聲書也是書。當然，我這個人是聲控，對主講的聲音還是有很高要求的。單說今年，除了每期必聽的音樂類節目——《民謠在路上》以外，我還聽了三本有聲書、三檔民國史以及無數篇中英散文。

聽覺記憶有時會比文字更有穿透及影響力，所以走路的過程中也是收穫頗豐。這是走路帶給我的第三個好處。

四、勇敢

天氣開始轉冷，夜晚也來得早了，下班的時候不再是踩著落日，而是開始伴隨星辰。我有很嚴重的夜盲症，因此害怕黑夜，但最近越來越沒有感覺，並非視力改善，而是不再懼怕黑夜了。

路總要學著自己走，不能指望別人來牽你的手。

之前有一罐防狼噴霧，但旅行時被安檢沒收了，所以最近準備重新入手一個防狼用具。勇敢並不是莽撞，而是教會你如何正確地變堅強。這是走路帶來的第四個驚喜。

五、希望

生活看似兩點一線，但在走路的時候，這個世界卻一直在變。因為從未停下，所以才知道自己一直走在前進的路上。

就像每周追的綜藝節目或是韓劇一樣，心裡一直在期待下一季或下一集，生活因為有了盼望，所以才有努力的動機。驢子拉石磨的時候，一定要把牠的眼睛蒙上，這樣牠才會有力氣一直走下去；因為牠的心裡有那麼一個遠方，等著牠走過去，所以不會停下，不會放棄希望。

因為走路，看到華燈初上，看到行色匆忙，看到這大千世界的千千萬萬，因為生而找到了活下去的力量，那就是希望。這是走路帶給我最大的影響。

走下去，總會抵達遠方。

讀書未能讓我屌絲逆襲，為什麼我還要堅持？

首先我得承認，讀書這件事情並沒能讓我有所成就、屌絲（引申的意思是人生失敗者，類似魯蛇之意）逆襲，我依然還是個公司小職員，拿著微薄的薪水，過著簡樸又辛勞的日子。

但是我依然感激閱讀。

這不是一篇雞湯類文章，只是分享幾個小故事。

從小到大我讀了很多書，雖然這些書裡面，也包括韓語教材以及導遊資格考試叢書，但它們最終都被遺忘到角落裡，落上了厚厚的灰塵，常讀的只有各類文學作品，看似沒什麼用，實際上也的確沒什麼用。但是這些年過去了，我依然堅持閱讀，而且在等待厚積薄發的那一刻。

兒時，我的天空只有一畝二分田地，高中之前甚至沒有出過我們那個小縣城，我對於外面世界的好奇與認知，多數來自於書海中的文字。

我的小學，全班一共十三人，全校不足百人。我的班導師既要教語文，也要教數學，此外，還得充當美術以及音樂老師，二十世紀九零年代的鄉村教育就是這樣。

我的第一本書並不是家長買的，而是叔叔送給爸爸看的，路遙的《平凡的世界》，那年我應該只有十歲，小學三年級，字還沒認全的年紀。當那本書翻到第八遍的時候，我的小學生活結束了。我整個童年似乎只有一本書陪伴，因為阮囊羞澀，呵呵。

如今它依然收藏在家中的書架底層，邊角的位置有些磨損，用了黃色的膠帶進行修補，以後或許我會把它當作傳家寶留給我的後代。

沒有為什麼。

初一的時候有堂語文課，我記得特別清楚，老師問大家，中國古代民間四大傳說是什麼？大家均是一臉茫然，只有我很驕傲地舉起了手，《白蛇傳》、《牛郎織女》、《梁山伯與祝英台》和《孟姜女哭長城》。那四個故事我剛剛在某本書上看過。

那堂課過後語文老師找了我，她說她是我爺爺的學生，之前還在同一個辦公室工作過，幾年前見過我，還誇我說不愧是語文老師的孫女……

爺爺家就在中學旁邊，分配給教師的房子，面向學校那側有間小屋子，裡面有個棕木的書櫃，櫃子裡全是出版年代稍久一點的書籍，他當圖書管理員的時候從圖書館拿的，這點你可以忽略掉，畢竟那些書最後都被我看完了。

如今的書籍盜版太多，缺少了那種古書的書香，味道很難形容，很像松子與樹皮的混合香味，那種香味讓我愛上了閱讀。

初中的零用錢充裕了許多，百分之八九十買了各式各樣的書，當然更多的還是看正統的名著以及勵志書籍。那時候會抄寫保爾．柯察金的語錄，會背誦徐志摩的情詩，當然最喜歡我的偶像曉溪姊的言情小說，那會立志以後非尹堂曜那樣的男人不嫁，也挺喜歡《傲慢與偏見》裡的達西。

二零零五年，家裡有了 DVD 放映機，所以買書的時候，會買那種贈送 DVD 的版本，有幾部還是黑白的老電影，如今我也忘得差不多了。

第一次接觸情色文化也是在書裡，村上春樹《挪威的森林》，那是看過的第一本日本文學，也是細節描寫很露骨的一本。如今再次回頭翻看，根本無法將其判定為情色化，連王小波的作品都有過之，只是對於當時年少的我來說，有些衝擊。

我媽從來都不翻看我的東西，但是心虛啊，所以就將那本書換了個封皮放到書架裡，現在回想起來都覺得好笑。

其實成績好與讀書多應該是兩個概念，我會羨慕每一個熱愛閱讀的人，但不等同於我認可那些成績好的人。

這些年旅行，閒逛過一些名校，感受了一下那裡的氛圍，其實我有些後悔。如果給我一次重來的機會，或許我會選擇更努力一點。

既然時間無法給我一次重新努力的機會，那麼我如今能做的，就是多讀書來充實自己。俞敏洪說：「讀書會帶來三樣東西：情懷、胸懷和氣質。」

關於情懷：

詩和遠方就是情懷，夢想與堅持也是情懷，聽說情懷是指懷有某種感情的心境，而我想，這種心境一定也是美好的。

關於胸懷：

胸懷可以讓你對這個世界善惡美醜的理解力，勝過眼睛的判斷力，它可以讓你發現並欣賞美好的事物，有的時候也能夠原諒那些醜惡的事情。

關於氣質：

關於這一點，應該先講一個小故事，就發生在不久前，那天臨時被安排跟著 L Boss

去參加一個企業家高峰論壇，與會人員均以正式服裝出席，而我因為剛剛從大學回來，所以當天穿的是牛仔褲加運動鞋，萬黑叢中一點藍，就是那樣一個畫面，最關鍵的是，在現場提問時，我還勇敢地舉了手。

我媽常說一個詞叫作「窮家富路」，這個社會好像就是這樣，有錢才會覺得說話強硬，才會覺得說話受人尊重，才會腰桿挺得筆直……當兩個階級層面相撞的時候，應該以什麼樣的姿態去對待？卑躬屈膝的？還是低人一等的？

這是我常常碰到的問題，幸好，肚子的墨水，讓我能夠以一種更加健康，不仇富也不自卑的姿態，去對待我所面臨的一些所謂的「高端人士」。

眾人愛美，我也愛，看到漂亮女孩微笑，我也願意為其傾倒，閱讀帶來的氣質不在於膚白貌美修長腿，僅僅在於對待生活的一種可以保持自我的樂觀態度。

生活絕不會虧待一個對它充滿期待、樂觀又積極的人。

你不幸福，是因為做錯了選擇嗎？

臨睡前最後一次打開微信，新訊息處連閃了幾下，是一個叫作「蕊兒」的女孩發來的私訊，她說：「我被求婚了，現在很迷茫，不知道怎麼辦才好。」

為什麼一個被求婚的女孩會感到迷茫呢？我不解，在接下來的對話中，我找到了答案。

蕊兒和那位向她求婚的男孩，是經親戚介紹認識的，至今也快一年了，男孩比女孩大了五歲，比較急著想結婚。而蕊兒卻覺得一年時間並不足以了解對方，這樣草率地結婚，要是以後不幸福該怎麼辦？另外最關鍵的一點是，她並不是很喜歡對方，只是覺得對她不錯可以試試，但感情都培養一年了，依然找不到那種，見到喜歡的人臉紅心跳的感覺，如果真的結婚了，萬一再遇到喜歡的人怎麼辦？

在她講述的過程中，還跟我提到她表姊的故事。蕊兒的表姊當年也是三十多歲未婚，最後迫於家庭的壓力，只好草率又隨便地找個人嫁了，但沒兩年就因個性不和等諸多原因，走向了離婚之路，還因財產分配問題產生嫌隙，甚至鬧到兩家人都傷了和氣。表姊每次見到她，都會語重心長地規勸，千萬不要步入自己的後塵，這樣一想她就覺得婚姻十分可怕，所以結婚一定要非常謹慎才行。

總結起來就是兩點：一是現在的感情，並不是她期待中最理想的那一個；二是她怕今後不幸福，所以寧願不開始。

萬事講求因果關係，太多人因為一開始的不喜歡，演變成了後來的不幸福，但真的是因為不喜歡，所以直接造成了不幸福嗎？真的是因為當初退而求其次的選擇，而導致如今一敗塗地的結果嗎？

我想未必如此。

「退而求其次」出自曹靖華的《嘆往昔．獨木橋頭徘徊無終期》，原語句這樣寫道：「凡事往往不得已而求其次，鴻溝上沒有橋梁，只好繞道東京了。」

從表面意思我們不難看出，雖然沒有採用最理想的方式，但想要的結果依然達到了（指繞道去東京），這才是真正的「退而求其次」。

所以你要知道，不是為了結婚而結婚，而是為了幸福而結婚，選擇一個喜歡的人，或者是一個不那麼喜歡的人，最後的目的都是為了幸福。所以你也要明白，和喜歡的人結婚也可能不幸福，和不那麼喜歡的人結婚也可能非常幸福，因為喜歡和幸福雖然直接掛鉤，但二者之間並不是決定性關係。

忘記哪部影片中有這樣一個片段，司機和乘客聊天，說昨天家裡的電視機壞掉了，兒子直接買一台新的回來，順手便扔掉了那台舊的。乘客笑著回他：「畢竟買比修快嘛！」司機苦笑道：「是啊，所以你們年輕人呢，做事情就跟扔電視機一樣，遇到問題最先想到的方式，就是逃避放棄，而不是解決……」

那一刻，我好像突然領悟了為何年輕一代的離婚率，會比我們父執輩那一代高出很多。其實，任何事情都是同樣的道理。太多年輕人容易陷進既定思維的迷思，一旦某件不幸落在頭上時，第一個想到的不是如何去解決，而是追悔當初的不應該。

如果當初沒有聽從父母安排草率地結婚，是不是就不會有如今的不幸了？

如果當初選擇了喜歡的新聞工作，是不是現在就不會如此默默無聞了？

我想說，真的未必如此。沒有這個不幸，還會有另外的不幸等著你，人生每做出一個選擇，便一定要面對相應的風險。這個世界不會有十全十美的選擇，也不會有真正完美的理想人生。人生其實就是不斷選擇不斷試錯的過程。而在這個過程中，真正造成不幸的，絕不是當初退而求其次的選擇，而是你不斷後悔的此刻。

對於此時正在面臨人生重要抉擇的人，我只能給出四點建議：

一、對於接下來要做出的選擇，想想選擇它之後可能造成的最壞結果，如果可以坦誠地接受，那就選擇它。

很多年前，我在某個網站上發起過一項投票，題目是：如果最後註定你們要分開，那這段戀情到底還要不要開始？

投票的結果我忘記了，但是我還記得自己的選擇：如果我真的喜歡他，我會選擇不開始，因為我接受不了這樣的結局。所以那時候的網站署名，會是「害怕失戀，所以單身」這樣的句子。

因此，當你很難做出某個選擇的時候，不如假設一下它的後果，如果最壞的結果都能夠坦然接受，那就不要糾結了。

二、如果不知道自己真正想要什麼，那麼就排除掉那些自己完全不想要的。

某本行銷書籍裡，介紹了這樣一個例子。某牌冰淇淋試驗，其中一組口味較少，一組口味繁多，試驗結束後發現，口味較多的那組反倒銷售不佳。

這也是我們在選擇時，最常面臨的問題，似乎什麼都想要，卻又不知道自己真正想要的是什麼，所以常常有人會自嘲患了「選擇困難症」。

既然你不知道自己想要什麼，那麼就想想你不要什麼吧！

偶爾會感覺很孤獨很寂寞，也面臨和蕊兒一樣的困惑，想著要不要就找一個對自己好的人嫁了算了？但有件小事讓我明白，這種選擇絕不是自己想要的。每天早晨經過公司樓下的移動餐車時，總要上前問一句：「還有沒有油條？」得到最多的答案是：「賣完了。」更神奇的是，他們還會補上一句：「不過有麻花，要不要？」

不同的攤位不同的人，卻都跟我說了同樣的一句話：「沒有油條，但是有麻花。」或許這是她們做生意的方式，但我真的不明白，「油條」和「麻花」之間到底有什麼關係呢？

我每次都搖搖頭直接離開，那一刻我便知道：即使吃不到油條，也絕對不要吃麻花，因為我不喜歡。

麥兜說：拿著包子，我忽然明白，原來有些東西，沒有，就是沒有。不行，就是不行……

三、別人的經驗只能當作參考，真正的選擇還是要聽從自己的內心。

一九九一年五月的某一天，鐵凝冒雨去看冰心。

冰心問她：「你有男朋友了嗎？」

鐵凝回：「還沒找呢！」

當年已是九十歲高齡的冰心對鐵凝說：「你不要找，你要等。」

那一年，鐵凝三十四歲。

二零零七年，五十歲的鐵凝與著名經濟學家、燕京華僑大學校長，五十四歲的華生喜結連理，用了整整五十年終於收穫了愛情，用了整整十六年驗證了冰心的預言。

很多人用這個故事告誡女孩們，等是可以遇見幸福的，但沒有人想過，像鐵凝一樣能夠等到愛情的機率有多少？

所以蕊兒表姊的故事也一樣，幸與不幸，其實不是旁觀者的經歷可以決定的。

當你做選擇的時候，絕對不要把別人的經驗，轉嫁到自己身上。你要知道，選擇都是關於未來的事情，而能夠決定這件事情未來走向的，只有自己。

四、永遠別忘了當初做選擇的目的。

我問蕊兒：「既然不想和他結婚，那當初為什麼還要和他在一起？」

她的回答簡單明瞭，說：「因為他對我好。」

我繼續追問道：「那他現在對你不好嗎？」

她回道：「那倒沒有，只是……」

她沒有繼續回答下去，但基本上我也弄懂了她的意思。

這是關於「貪婪」的本性問題。我們常常忘記當初想要的是什麼，而不斷地要求別人能夠給予自己什麼，來者不拒，而且越來越挑剔。在這個不斷地索取的過程中，失去了本心，走得有點快。但無論何時，也不能忘了當初為何出發呀！

人生的精彩之處，就在於這大大小小的選擇，因為有了選擇，才有了今天的自己。後來再回想的時候，無論會不會後悔，它都是我們的經歷，融入記憶無法分離。

所以呀，世間根本沒有所謂「錯誤」的選擇，只有不敢邁出步子的膽小鬼。

為什麼更應該和懂得自律的人交朋友？

有三種人讓大家感到頭痛：鬧鐘響了堅決不起床的人、不守時的人、不信守承諾的人。如果是我，我會根據關係親疏選擇原諒與否，如果恰好關係不到位，那就很難變得更加親密了。

說到底，這三種人都是自律性很差的人。反之，我更喜歡與那些懂得自律的人交朋友，知道為什麼嗎？原因有三。

一、自律的人，渾身充滿正能量

今年我二十六，還有四年就三十歲，我不知道三十歲的自己會是什麼樣子，但我希望可以像陳意涵和張鈞甯那樣。

看《花兒與少年》的時候，就直接成為陳意涵的粉絲了。一不留神就倒立，別人還在睡夢中，她已經迎著日出晨跑去了，明明三十多卻有著十七八歲女孩的乾淨笑容。她做了很多瘋狂的事情，刺青、裸泳、親吻陌生人，卻又幾乎零緋聞，她只是認真又勇敢地做自己，這樣的女孩怎麼不招人喜愛？

想成為同樣的人，就需要同樣的付出。

有些人覺得自律就像框起來的格子，人站在裡面畏首畏尾很拘束，一點自由都沒有，這樣的人生有何意義？

想起《克雷洛夫寓言》中，一篇關於馬和騎師的故事。

一個騎師的馬兒經過了徹底的訓練，只要一揚鞭，馬兒便會隨他支配，他說的話，馬兒也都能聽懂。騎師認為，「給這樣的馬加上繮繩，是件多餘的事情」，所以在某天騎馬出去時，便解開了牠的繮繩。馬兒在原野上奔跑，一開始並不快，但當牠發覺身上沒有束縛之後，越發地大膽起來，全然不顧主人的斥責，快速飛馳在原野上。

騎師想把繮繩重新套在馬頭上，但是已經無法做到，馬兒一路狂奔，甚至把騎師摔下馬來。牠依然沒有停下的意思，像一陣風似的，不辨方向，一股勁地衝下了山谷，摔個粉身碎骨。

騎師悲痛地大叫道：「是我一手造成了你的災難，如果我不冒冒失失地解掉繮繩，你就不會不聽我的話，就不會把我摔下來，也就不會落得如此淒慘的下場……」

所以你看啊，沒有繮繩束縛的自由，並不是真正的自由，反而會將人導入不可逆轉的絕境。

早起有什麼意義？寫書有什麼意義？旅行有什麼意義？控制飲食又有什麼意義？

自由和自律就像天平的兩端，傾向哪一方，人生都不會太圓滿，同等的自律才能換來同等的自由。懂得自律的人，才會活得更加精彩，而這種精彩通常會以正能量的方式向你展示。

就像富蘭克林說的那樣：「我未曾見過一個早起、勤奮、謹慎、誠實的人抱怨命運不好，良好的品格、優良的習慣、堅強的意志，是不會被所謂的命運打敗的。」

二、自律的人，更容易忍住欲望

朋友R發了張照片給我，讓我在上頭找出我們倆共同的高中同學L，我盯著手機仔仔細細地看了三遍，才一臉不確定地明確了L的位置，這是當年認識的那個L嗎？

照片中的男人，比印象中大了不只一個Size，我都記不清這是第幾個發福的同學了。一邊感慨他過得不錯，一邊感慨物是人非。

身材也是個人選擇，我會表示尊重，但如果他是我的朋友，我一定會勸他趕快減肥。美觀只是一方面，隨著年齡增長而機率激增的疾病，可不只高血壓和糖尿病。我不會嘲諷一個發胖的人，但我肯定會問他為何要糟蹋自己的身體。

一口吃不出一個胖子，因為胖子都是一口一口吃出來的。相反的，瘦也一樣。

X應該是我認識的人當中，最勵志的那個。從高中時紮著馬尾的六十多公斤小胖妹，到現在保持四十五公斤左右的摩登女孩，那可真的是運動和一口一口餓出來的。對於一個易胖體質的人來說，保持身材其實比減肥還要困難。減肥成功並不代表一勞永逸，反而更要堅持長期少吃多運動來維持體型。所以常常都是我在啃雞腿，她在旁邊看著；我在吃洋芋片，她也看著……

一個懂得自律的人，能夠忍住欲望，和這樣的人相處，狀態和距離都是最為合適的。你不必擔心她獨自享用，即使她特別喜歡吃那道菜；你也不必擔心她會搶你的男朋友，即使她真的喜歡……

三、自律的人，更懂得什麼應該什麼不應該

不知哪天，微信上莫名加了一個女生，原本我以為她是讀者，但後來才發現好像不是。

某天午夜她發微信給我，語氣很焦急，內容很奇怪，她問我：「你還能看T的朋友圈嗎？」

三言兩語的對話下來，憑藉女人天生的第六感，以及多年的言情寫作經驗，即使不是百分之百，我也可以十分肯定地確認，這個女生喜歡上我那位男性朋友了，估計還很瘋狂，否則不會連我這種有一點關係的朋友微信都加到了。

但可能我那個朋友把她刪掉了，所以大半夜她才會如此倉促地跑來問我。

我能夠理解她那種想要了解一個人的瘋狂做法，但是姑娘啊，對方已經有女朋友了！

誰沒愛過幾個名草有主的人呢？

但是，比別人晚到的緣分根本不算緣分。

《請回答一九八八》裡這樣來解釋緣分：「緣分是不會經常來到的，如果要用到緣分這個名詞，必須是偶爾，很偶然地出現戲劇性的時刻，那才叫緣分，所以緣分的另一個名字是時機。」

因此，愛上一個已有戀人的人並沒有錯，唯一錯誤的只是時機問題，但命運往往就是如此。

一個懂得自律的人，不會允許自己做出不應該做的事情。如果男人會因愛人而克制，如果女人可以因為道德而畏縮，這世界或許就不會出現「出軌」二字。同理，如果所有人都懂得自律，也許世界上就不會有暴力、黑暗與血腥……

關於自律，大抵應該分為三類：極度自律的，需要督促才能自律的，爛泥扶不上牆的。顯然，多數的人屬於第二類。這也是為何我會說：「更應該和懂得自律的人交朋友。」因為他們會督促我們成為自律的人。

吸引力法則裡有這樣八個字，「同頻共振，同質相吸」。意思就是說：「振動頻率相同的東西，會互相吸引而且引起共鳴。」

所以，懂得自律的人其實都是喜歡群聚的。和這樣的人在一起，做更好的自己，何樂而不為？

如何在不成功的人生裡泰然自若？

GZ跟我說，她身邊有個同學為了考博士班而患得患失、抑鬱寡歡，想到考試壓力，她也失眠了半個月之久，也快被逼成憂鬱症了。

這件事不禁讓我聯想起一個小學同學。

他單名一個「平」字，無論他父母當初希望他平安，抑或是希望他平穩度過這一生的想法，起了這個名字，他最後都辜負了。

二零零六年，他以數分之差與重點高中失之交臂，只得勉強接受次一點的普通高中錄取通知書。

那一年，鎮上的中學一共只有二十餘人考上重點高中，和學校事先預測的錄取人數差不多。以平常的月考成績進行估算，他原本也應該在這二十幾人之列，但是世事無常。按照慣例，考試那天，學校會統一安排大巴接送學生抵達考場，為了節省那二十塊錢，他決定自己搭乘公車前往。

命運似乎從他搭乘公車的那一刻便決定了。

數學考試剛剛進行到一半，他便病倒在自己的考桌上，後面的計算題幾乎未動。其實不是什麼大病，只是食物中毒而已，但卻葬送了他的重點高中之夢。

他後來還是輾轉靠關係進了那所重點高中，聽說是某位相關部門的親戚幫忙安排的，但即使這樣，還是花了家裡不少錢。涉及錢的問題，他都特別有原則，想到那每年幾萬塊的借讀費，他決定重返中學，覆讀重考。

當時我們已經升入高二，他卻重回初中課堂，為第二年的考試全力準備。

時光匆匆，一年轉瞬即逝，我們都在等他的好消息，結果卻不盡人意。再一次落榜，再一次被那所普通高中錄取。

我們升入高三那年，他終於走進了高中殿堂，原本以為他會因此靜下心來讀書，三年之後在大學考場上一雪前恥。但是他沒有，沒過多久他又回去念初三了。

再後來，他因精神問題被學校勸退，再也無法完成「高中入學考試」的夢想。

幾年前的春節，我曾在市集上見過他。因他當時的模樣幾乎未變，遠遠地我便認出他來，他也看到了我，大步地朝我走來，看樣子並不像一個「生病的人」。

我揮揮手和他打招呼，他沒有理我，只是狠狠地瞪著我。

「你怎麼了？」我問得有些心虛，看他那樣子，似乎下一秒就要揚起拳頭揍人。

「×××，你不就是考了個一中嘛，神氣什麼？」

我被他問得愣住了，不知道該怎麼回答他，很明顯他還「病」著，幸虧我媽及時趕到，護犢一般拽著我遠離了他。

我媽後來才告訴我，他曾不只一次跑到家裡來鬧，至於原因其實很無厘頭，就因為我是他的小學同學，那一屆考上重點高中的二十幾個人中，他唯一能夠找到住址的，所以我便特別「榮幸地」成了他的假想敵。

如今，他可能依然每天在村頭浪跡，把這一生都停留在高中入學考試那一年，叨念著自己為什麼不能，別人又憑什麼可以？整整十年，生命中本該是最美好的十年，就因為一個執念而毀於旦夕之間。

他不會知道，當年考上重點高中的我，後來其實也沒有怎麼樣，不過考了個普通的大學，做了份平凡的工作，成了城市螻蟻大軍中最為渺小的那一個。

他也不會知道，漫漫人生路，除了考試，還有很多的起起伏伏，比如找工作，比如失業，比如親人的離開，再比如家庭的離散……

相比而言，當初那個小小挫折根本不值一提，但他卻再也沒有機會去體會這些，再也沒有辦法去經歷這個真實的世界。

如何在不成功的人生裡泰然自若？其實這是一個奇怪的問題，畢竟我們的人生都還很長，只要它未完結，便無法將它歸類於「不成功的人生」。只是相對身邊那些閃閃發亮的成功人士而言，普通又平凡的我們往往稍顯遜色，似乎便成了不成功的那一類人。

能在不成功的人生裡泰然自若之人，我想當他成功的時候才會更加坦然，而非擔驚受怕、惴惴不安。

「泰然自若」四個字本身便需要一點功力，既能保有初心，又要快速地適應周遭環境，為此我有幾點建議：

一、去外面的世界看看

去外面的世界看看，你便會發現，這個世界和你想像中的不太一樣。

眼界局限，心裡便只有那一畝二分田的位置，很容易鑽牛角尖，很容易墜入迷途卻不知返。

去外面的世界看看，當知道樓外還有樓，山外還有山的時候，或許對待自己的態度也會有所改變。

二、可以執著，但別執念

「執著」與「執念」，雖然只有一字之差，但其實差別很大。執著，是一種堅持不懈的處事方式，執念卻很可能演變成，對某件事不達不休不可動搖的念頭，這一念頭如果是好的，也許會守得雲開見月明；如果是壞的，也許迎來的便是萬劫不復的境地。

就在十月份，青年作家胡遷自殺身亡。他生前最後的一篇博文定格在九月三日，上面寫著這樣一段話：一個多月前看徐浩峰更新的博客，我盯著那句「一念之愚，千里之哀」愣了半小時。不是因為那會兒「千里之哀」了，是意識到這句話時，一切都已不可改變，早些年即便知道這個道理，也不會信，現在哀也沒用。三月份在劇組時，就聽說了好幾個自殺的，當時還沒覺得什麼，等我自己的電影在半年後沒了才發現，都完了。

「一念之愚，千里之哀」，當我第一次看到這句話時也愣了很久，不知為何就聯想到了我那位小學同學，如果當初他不執著於那個「重點高中夢」，現在一定也會過得很好吧？

太執著於成功的人生，最終往往走向了不幸。

論壇的提問時間，一個三十多歲的女創業者，聲淚俱下地講述了她的心酸創業史，自己怎麼有情懷，怎麼有想法，怎麼有創造力……最後一句才是她的問題：「為什麼最後我還是失敗了？」

老胡這樣回答她：「不就是錢花光，公司依然沒做起來罷了。這不叫失敗，因為錢還可以賺回來，而且透過這次經驗，你也學到了很多。就像你說的，要自己設計，自己包裝，還要自己去拍照、去行銷，公司的整個流程你都熟悉了一遍，就當這些錢交學費好了，只不過你的學費比別人貴一點，僅此而已。」

成功的結果固然重要，但我們為之努力奮鬥的過程才分外有價值。世界上絕不會有毫無意義的事情，努力即使看不到結果，但肯定也有間接的影響。

試著變通一下，說不定迎接你的是下一片碧海藍天。

三、淡然地面對成功，坦然地面對失敗

「淡然地面對成功，坦然地面對失敗」，說到底就是心態問題。

幾年前，我的一位作家朋友因一本原創小說，創下了不俗的網路點擊量，因此眾多網站的駐站邀請，以及影視改編的邀請函紛紛而至。成功似乎來得太過容易，不過隨手一寫的東西竟然會有這麼多人青睞。她似乎看到了白花花的銀子，以及無限光明的未來，在不遠處等待著她。她迅速辭了職，專心投入到網路小說創作中，但是卻都不盡人意，不如第一本的成績出色。

收入沒有想像中的穩定，壓力倒大了不少，外人眼裡風光無限，實際的苦楚大概只有她自己體會得到。後來也的確出版了本書，市場的反應依然平平，終究還是沒能變成自己想像中的樣子，所以她才會發文感慨：「出本書，你就覺得自己是神了嗎？做夢吧！」不知道她究竟在說自己，還是其他人？當時出於一種怎樣的心境？但話糙理不糙（話很粗俗但道理正確），這的確不再是一個出本書，便可以逆襲人生的時代了。

她懂這道理的時候還不算晚，只是代價有些大。

回到以前的日子吧，不甘心；堅持現在的夢想吧，似乎怎麼努力，都無法企及第一本所創造的成績了。

在評論裡，我看到了很多惺惺相惜的同類。

知乎上關於「如何輕易地毀掉一個人？」有這樣一個神回覆：無條件給他一直夢想得到的東西，然後短時間內收回。

所以，很多人毀在了無法安放的不良心態上。

「淡然地面對成功，坦然地面對失敗」，這句話說起來容易，但實際操作起來卻並不容易。無論成功與否的人，後來都變得焦躁起來，未成功的急於成功；成功的，害怕被人趕下神壇。

但人生就是這樣啊，哪有什麼永垂不朽的成功者？就連聰明的愛因斯坦也抵不過時間的折痕，這個世界註定是屬於未來一代的。

泰戈爾說：「飛鳥從天空飛過，但牠並沒有留下痕跡。」沒關係啊，至少我們飛過。

在不成功的人生裡泰然自若，並不是讓你因此怠慢生活，而是讓你去發現生活更多的可能性。

活著的每一天，不再是本可以，而是我願意，這就足矣！

後記

年齡是個好東西，

二十七歲終於懂了二十六歲不懂的道理

生日，究竟意味著什麼？

二十七年前。那是一聲清脆的呱叫聲，也是第一次對這個世界宣洩吶喊。此後的歲月中，那個聲音逐漸地衰弱下去。後來，它變成一碗加了荷包蛋的熱湯麵，變成了憨厚的絨毛玩具，變成了一份份細心準備的粉紅色禮物。再後來，它變成了久不聯絡的朋友取得聯繫的日子，變成了世界打盹時突然想起你的日子……

生日，變得越來越沒有意義，甚至激不起內心絲毫的漣漪，唯一剩下的一丁點儀式感，就是這堅持了數年不變的生日總結。照一照鏡子，臉上也許沒有因為睡一覺而多出道皺紋，今天也不會比昨天長高兩公分。「青春」二字，永遠站在時間跑道的另一端，在這衰老於無形的時光裡，你慢慢學會了與自己和解，慢慢學會了對世界寬容。

她還記得在做銷售時，接觸過的一個客戶，其實只接待過他一次，他當時無意中說了句：「我母親最近病了，所以來一次不容易。」那之後他便真的沒有再來過。時隔數月，他又一次登門，聊天的時候，她竟然還順口問候了他母親目前的情況。

他覺得很驚訝，吃驚地表示沒想到時隔那麼久，她還會記得這件小事，而後在QQ上發了長篇大論感激她。他說：「我母親病了好一段時間，很多人已經習以為常我的狀態，越來越少人會關心和問候了……」

看啊，原來有時候人與人之間的交往，不一定要靠花言巧語，也許真誠更可以打動別人。

她知道，世界上既然有那種處事圓滑的人，就固然會有如她一般心直口快的人，「道不同不相為謀」，對於和她不同道的人，敬而遠之就好。

「如果你願意了解我，我猜你會喜歡我。」這句話她用了很多次，她說這是最能表達她心聲的一句話。但是二十六歲的她告訴自己：並不是每個人都願意了解你，願意了解你的人，也不一定都會喜歡你。

其實，世界那麼大，又何必太在意別人的眼光？堅持做自己就好。

恍然記起立志成為作家的那個日落黃昏，那只是她中學時代最為普通不過的一天。那天，她窩在小床上啃一本言情小說，那本書她看了整整十六遍，如今想來，瑪麗蘇的劇情讓青春期的她，悸動了一次又一次，就在那一刻，她暗暗發下誓言：「某一天，我也會像她一樣，成為知名的女作家。」

那個被她當成偶像崇拜，喜歡了十多年的女作家，叫作明曉溪，所以後來她才會給自己起了「獨慕溪」的筆名，即為「獨獨愛慕明曉溪」之意。很多年後的今天，她早已不再迷戀言情，不再看明曉溪的作品，甚至有了別的作家偶像，但明曉溪在她心裡，依然有著別人無法取代的分量。

因為她，曾照亮她的夢想。

她原本以為，當時的自己只是說著玩玩而已，但是一轉眼，她已堅持逐夢了十餘年。她告訴自己：當這段文字真的可以傳達到千里之外的那一刻，一定謹記，這不是夢想完成的最終式，而只是逐夢之路終於走上了正軌；路還很長，就和人生一樣的起起伏伏、布滿荊棘。但無論怎樣，她都會如同十六歲時，許下願望的那一刻一樣，抱著虔誠，努力地往前走！

她的臉上有一道不小的疤痕，每次照鏡子的時候，不知道她是不是還會特別介意？那是她小時候，因緊張躲避送葬隊伍時，不慎摔倒所留下的。

她從小便害怕有關「死亡」的一切，所以很遺憾，高中時未能參加外婆的葬禮。

也是前年的這個月份，那是她第一次親臨「死亡」。一整晚都未能消化爺爺已經去世的消息，她從未見過，更沒有概念，在回家的火車上甚至還嚥下了一整個漢堡。

直至看到路邊擺放的喪葬用品，她的整個靈魂才終於被拉回現實。

殯儀館透著很強的寒氣，爸爸出來接她，身上披著令她恐懼的白布，大人們快速地為她穿戴整齊，一進萬古廳媽媽就命令她哭出聲來喊爺爺。當時的她哭不出也喊不出，只是下意識地想要往回走……

沒有這段經歷之前，她從未真正懂得「離別」二字。後來懂了，離別是叫停的記錄器，從此，那個人只能活在你的回憶裡。

爸爸有個酒友。她還記得，在那位叔叔葬禮結束後的幾天，爸爸總是飯吃得很少，常常一個人坐在台階上猛抽菸。嗯，爸爸很思念他的朋友。

可是當時的她並不理解，反倒覺得慶幸，因為他終於不能再找爸爸喝酒了。很久之後，再回想那時心裡的小陰暗，不知她是否滋生了悔意？肯定有吧，否則她不會對著牆壁深深鞠躬，為自己的大不敬默默道歉。

那天，她將買給爸爸媽媽的新衣服郵寄回去，晚上打電話的時候，媽媽說自己來不及漱洗就穿上了新衣服，這會兒正在照鏡子……

突然有一陣心酸湧上心頭。

隨著年齡的增長，父母更加成為心底的軟肋，但這也將是她前進的動力。

所以，死亡才是最決絕的離別。

所以，活著便是最幸福的敬畏。

所以，若有熟悉的人或物遠離你的生活，可以遺憾，但不要難過，他們只是去為別人製造記憶。而你們之間的每一個點滴，都是他們為你帶來的驚喜。若你想留住的人，剛好也一直陪在身邊，那麼，請感恩相遇，然後好好珍惜，不是每個人每件事，都能如此稱你心意地陪著你。

為每一位已經與你分別，或是將要與你分別的他們祈禱祝福吧，有生之年，都帶著一份希望對方過得好的心意，各自努力地好好生活；也為每一位伴你左右、不離不棄的他們待以真心，不管以後將會如何，現在的每一個當下，都將是你們最珍貴的回憶！

二十七歲的小溪，還記得你二十六歲生日時許下的願望嗎？這一年，你是否以幸福為基礎，走過了自己想要的時光？那麼二十七歲呢？

二十七歲，你一定要活成自己喜歡的模樣啊！

原來，年齡真的是個好東西，二十七歲終於弄懂了二十六歲不懂的道理。

二十七歲，我來了！

附錄

這二十六年，

我到底活出了什麼？

一、學著放棄

放棄那個不愛你的人、那份不喜歡的工作、那個不切實際的夢想……有捨才會有得，學會了放棄才能真正擁有。

二、愛情可以期待，但別奢望

期待白馬王子也好，期待黑面騎士也罷，都可以，但一定不要對愛情有什麼奢望。愛情解救不了孤寂的靈魂，也拯救不了肥胖的肉身。不是沒他／她不行，而是有他／她更好，一個人的時候也要好好生活。

三、單身意味著要為自己的一切埋單，包括情緒

坐車的時候，聽兩個女孩聊她們的大齡未婚女上司，她們戲稱她為「老妖婆」，竊笑中夾雜著抱怨。那一刻恍然領悟出一

個道理來：也許「大齡」不可怕，「未婚」也不可怕，只有組合在一起才可怕。為什麼呢？因為暴躁，因為做不好情緒管理。所以，當你願意做一個為自己的一切埋單的單身貴族時，也請做好為自己情緒埋單的準備。

即使沒有被這個世界溫柔以待，也要學著淡定從容。

四、試著交不同層次的朋友

朋友只要滿足「三觀一致」這一條即可，不分年齡長幼，不分貧富貴賤，也不分職業尊卑。

試著和年長的人交朋友，他們可能創新不如你，學習能力也開始下降，但因年齡堆積起的經驗與睿智絕對比你強。工作上的問題要多與這一類人交流，得到的建議最為合理可靠。

試著和同齡的人交朋友，不需要雜而多，有幾個交心的就好。情感上的問題要多與這一類人交流，因為此刻的你，要的也許不是答案，只是陪伴。

試著和比你小的人交朋友，你會發現一個嶄新世界的大門，你會重拾一些對生活的熱愛，對未來的期待。

五、做好工作的十二字箴言——膽要大，心要細，嘴要甜，皮要厚

「膽要大」指的是有敢於戰勝困難的信心，敢於接受艱巨任務的勇氣。

「心要細」指的是做事情一定要腳踏實地，如果夢想是建造一輛汽車，那前提一定是

鎖好每一顆螺絲帽。

「嘴要甜」並不是巧舌如簧，只是需要掌握一些語言的藝術。

「皮要厚」指的是偶爾要放下自己的面子，別因受委屈而逃避，也別因為受謾罵而哭泣，工作只是工作而已。

六、少抱怨，多努力

如果不是一份足夠心儀的工作，或者工作遇到了不順心的事情，抱怨總是在所難免的。抱怨只會讓你一時解氣，但卻不能幫你解決問題；所以解決抱怨的唯一辦法，只有不斷地努力然後超越自己。

人生都是由一座又一座的高山組成，即使跌落谷底也不要洩氣，因為未來的每一步都是上坡路；同樣的道理，成功時也不要太過欣喜。

七、不喜歡，並不能成為「做不好這件事」的理由

以前，我也常常把做不好某件事情的原因，歸結到「不喜歡」三個字上面。後來才發現，當把一件不喜歡的事情也能做好的時候，收穫反倒更多，成就感也更大。

不喜歡，並不能成為「做不好這件事」的理由，而只是你退縮畏懼的藉口而已。

八、多學一點東西，即使沒什麼用處，也不會有壞處

越來越發覺，那些讓你與眾不同的「才能」，都並非帶著目的開始。興趣也好，嗜好也罷，所有花費時間用心學到的東西，即使做的時候找不到意義，時間也會幫你做出最好的答案。

九、趁年輕，養好皮囊，保有信仰，美化心靈

並不是每個人年老的時候，都可以美成張曼玉，所以趁年輕，養好皮囊。管不住嘴就一定要邁得開腿；顏值不夠，至少可以身材來湊。

要知道，沒有好看的皮囊，太難有人願意花時間，去了解另一個陌生人的內在了。

但長得帥、長得美，太過無知無趣，也會讓人覺得索然無味。帥也可以變成油膩，美也會變成花瓶擺設，所以徒有其表也不長久，還應該修煉一下內在。

十、夢想成功，為之不斷努力，但不要操之過急

並不是每個人都可以爬到金字塔的頂部，所以夢想的成功，不光在於站在頂端時，那一覽眾山小的輝煌時刻，也在於這腳下每邁出一步時的堅定。

在追夢的路上，你要學會適應別人超越你、甩開你，別心急，也別洩氣。

對於一個奔向成功路上的初學者而言，重要的不是目的地，而是能否披荊斬棘，無數次跌倒也要勇敢地爬起來，堅定地走下去。

十一、適當的軟弱柔和，有時候比逞強能幹重要

是，我知道你沒人幫忙也可以，漸漸地便真的沒人幫你了，你委屈極了。但你不知道的是，你的逞強能幹讓很多人誤解你真的可以，所以才沒有出手幫你。

所以問題的關鍵，並不是別人「可不可以」，而是你應該學著適當的「不可以」。不管男孩子還是女孩子，適當地柔和，才比較可愛。

十二、情感上需要試錯，工作上最好總結前人經驗避免犯錯

感情的問題，最沒道理。看再多言情劇也學不明白愛情真諦，所以有時候倒不如嘗試著交往試試。

但工作不是，這裡沒有你的叔叔姑姑阿姨，大家聚在一起的目的很統一，賺錢並且為公司創造價值；所以，錯誤不是不可原諒，但會對你的價值有影響。與其在試錯中學著成長，更應該多吸取一些長輩經驗，避免犯一些低級錯誤。

十三、關係再好，言語上也要學會「適可而止」

了解的事情越多，這個世界便越真實赤裸。

花非花，霧非霧，有些事情其實知道就好。成長教會你的率直不是知無不言，而是為他人著想後的肺腑之言。

十四、再痛苦，也不要歇斯底里地吶喊

前幾年，朋友圈還常見很多歇斯底里吶喊疼痛的言論，慢慢地，它們不見了蹤影，也許是交往的人群發生變化，也許是朋友們在逐漸長大。

很久後才發現，當年病了、疼了、失落了時發表的公開言論，無非就是想要取暖，得到一個別人安慰的擁抱。

有了年紀，如果還用那種方式撒嬌的話，在全是曬恩愛、曬孩子的包圍下，其實倍顯單薄。

所以再痛，也要學會自己扛著。

十五、接納不完美的自己

我試著翻看了幾篇過去幾年的生日總結，有感恩的、有知性的、有訂下宏偉目標的，每一篇總結所提及的女孩似乎是我，又似乎不是我。

生命如果可以倒退回過去的某一刻，也許只是多吃了一根麵條，或許此刻的我，也會變成另一番模樣。

試著與自己和解，接納不完美的自己，因為那一個她，已經在上一秒死去。這一刻的你，還將有無限的可能性……以上，共勉！

最後，願我們都能活成自己喜歡的模樣。

儘管這世間風雨難定，

願你的內心波瀾不驚。

你不必活成別人喜歡的模樣

作　者　獨慕溪
內頁排版　周亞萱
文字整理　羅煥耿
封面設計　三人制創
總編輯　黃文慧
社　長　郭重興
發行人兼出版總監　曾大福
出版者　奇点出版／遠足文化事業股份有限公司
發　行　遠足文化事業股份有限公司
231新北市新店區民權路108之2號9樓
電話（02）22181417　傳真（02）86671891
劃撥帳號19504465　戶名　遠足文化事業股份有限公司
客服專線　0800221029
E-MAIL　service@bookrep.com.tw
網　站　http://www.bookrep.com.tw/
印　製　前進彩藝有限公司　電話：（02）22250085
法律顧問　華洋法律事務所　蘇文生律師
定　價　320元
初版一刷　2019年3月
初版十三刷　2020年11月
缺頁或裝訂錯誤請寄回本社更換。
歡迎團體訂購，另有優惠
請洽業務部（02）22181417#1121、1124

本作品中文繁體版通過成都天鳶文化傳播有限公司代理，經北京鼎文出版傳媒有限公司授予遠足文化事業股份有限公司／奇点出版獨家發行，非經書面同意，不得以任何形式，任意重製轉載。

國家圖書館出版品預行編目（CIP）資料

你不必活成別人喜歡的模樣／獨慕溪著．
初版．-- 新北市：奇点出版：遠足文化發行，
2019.3　面；　公分
ISBN 978-986-96316-6-2(平裝)
1.自我實現 2.生活指導
177.2　　08002642

特別聲明：有關本書中的言論內容，不代表本公司／出版集團之立場與意見，文責由作者自行承擔。